AF176372

Demokratie?!

Wegweisende Gedanken zu einer neuen Demokratie

Cover: Hannes Mercker, Freudenstadt

Bibliografische Information der Deutschen Bibliothek: Die Deutsche Bibliothek verzeichnet diese Publikation in der Deutschen National-bibliographie; detaillierte bibliographischen Daten sind im Internet über http//dnb.de abrufbar.

© 2020 Van den Berg, Marten
Herstellung und Verlag: BoD – Books on Demand, Norderstedt
ISBN: 9783751907064

Für die Kinder, Enkel und künftige Generationen
dieser Welt...

...und für die Erde, auf der wir kurze Zeit
verweilen dürfen

Inhalt

	Einführung	9
1.	Gefahren für die Demokratie	17
1.1	Strukturelle Mängel	19
1.2	Lobbyismus und Erpressung	29
1.3	Erosion der Werte	31
1.4	Steigerung der Komplexität	39
1.5	Outsourcing des Denkens	45
1.6	Inflation des Wahrheitsbegriffes	53
1.7	Zyklische Einflüsse	61
1.8	Konflikte	67
1.9	Angst	75
2.	Thesen	79
3.	Ideen für eine neue Demokratie	81
3.1	'Ausmerzen' der Nachteile der Parteiendemokratie	83
3.2	Optimieren von Entscheidungsprozessen	93
3.3	Demokratie des Loses	107
4.	Eine Mischung kann es richten	117
5.	Ein erster Schritt auf einem neuen Weg	119
5.1	Projektvorschlag: 'Neue Demokratie'	121
5.2	Ideen sammeln	123
5.3	Entscheidungsfindung	125
	Nachwort/Ausblick	129
	Dank	131
	Empfohlene Literatur	133

Einführung

Vieles wurde in den letzten Jahren über ein immer wahrscheinlicher werdendes Ende der Demokratie gesprochen und geschrieben. Politikverdrossenheit, niedrige Wahlbeteiligung, die Wiederkehr des Populismus, Protestparteien, Bewegungen wie Occupy, Femin, #me too oder die Gelbwesten, es scheinen alle Symptome für ein Versagen der Demokratie zu sein.

Dazu kommen die Themen, die tagein tagaus für neue Schlagzeilen sorgen. Und die mich schon seit Anfang der siebziger Jahre beschäftigen und beunruhigen. Luft- Boden- und Wasserverschmutzung, Hunger und Armut, Krieg und Terrorismus, negative, auch psychische Folgen unserer hochgepriesenen technologischen Entwicklung. Kurzgefasst: der Zustand unserer Welt.

In einer repräsentativen Umfrage, Infratest Dimap, im Auftrag der Friedrich-Ebert-Stiftung, Spiegel Online, 13.08.2019, zeigte sich, dass lediglich 47% der Befragten zufrieden oder sehr zufrieden damit sind, wie das politische System in Deutschland derzeit arbeitet.

Derartige Umfragen kann man, was die Methode, die Auswahl von Befragten und die Fragestellung betrifft, immer kritisch hinterfragen. Dennoch können wir momentan wohl kaum von einem großen Vertrauen in das politische System und ihr Funktionieren sprechen.

Noch ein Ergebnis dieser Umfrage: der Wunsch nach einer größeren Beteiligung der Bürger in

Entscheidungsprozessen zur Gesetzgebung war recht ausgeprägt (42%).

Wenn ich die historischen Alternativen zur Demokratie anschaue, wird ein mögliches Scheitern der Demokratie allerdings zum Schreckensbild. Wenn die Demokratie versagt, kann die Menschheit nur verlieren. Deshalb möchte ich die durchaus beunruhigenden Entwicklungen nicht als Ende der Demokratie sehen. Eher nehme ich sie wahr als Krise der derzeitigen, bisher durchaus erfolgreichen, Variante der Demokratie: die 'Repräsentative Parteiendemokratie'.

Repräsentativ heißt in diesem Falle: durch (hoffentlich freie, unbeeinflusste) Wahlen installiert. Politische Parteien sind in diesem Gefüge das Mittel die Wahlen mehr oder weniger zu strukturieren. Es werden Werte- und Entscheidungspakete in der Form von Programmen angeboten und beworben. Die Wähler habe so die Möglichkeit, sich für ein solches Paket zu entscheiden.

Parlament und Regierung sind jedoch durch Wahlen nicht unbedingt ein Abbild der Bevölkerung. Und sie treffen logischerweise auch nicht unbedingt Entscheidungen, die vom Mehrheit der Bevölkerung getragen oder gar gewünscht werden. Dass aufgrund dessen Unzufriedenheit und Unfrieden entstehen können, ist eine logische Folge.

Auf der Suche nach Alternativen bin ich auf interessante Möglichkeiten gestoßen. Teilweise uralt, aus den Anfangszeiten der Demokratie.

Teilweise auch ziemlich brandneu. Klar, alles nicht unbedingt ohne weiteres sofort einführbar. Aber, vor allem in der Kombination von alt und neu liegt ein Potential, das gewissenhafte Demokraten nicht außer acht lassen sollten.

Lange habe ich gezögert, diesen Beitrag zu schreiben. Schließlich bin ich nicht vom Fach, wenn es um Politik geht. Auch habe ich keinen Bekanntheitsgrad vorzuweisen, was sicherlich für die Akzeptanz und Umsetzung der beschriebenen Ideen hilfreich wäre.

Gewisse Entwicklungen, wie Klimawandel, Insekten- und Artensterben, Migration, die wachsende Kluft zwischen armen und reichen Menschen, Polarisierung und Extremismus scheinen sich immer mehr zu beschleunigen. All diese Entwicklungen haben das Potential, unsere Zivilisation, möglicherweise sogar unsere schiere Existenz, zu beenden.

Sie erfordern Entscheidungen, die mit Sicherheit unseren heutigen Lebens- und Konsumstil ändern und tief in das Leben jedes einzelnen Menschen eingreifen werden. Umso mehr man diese Entscheidungen als 'übergestülpt' wahrnimmt, umso geringer ist die Akzeptanz und umso mehr erhöht sich der Widerstand dagegen.

Diese Faktoren bewegen und beunruhigen mich schon seit Jahrzehnten, manche schon seit meiner Jugend. Lange Zeit war dies verbunden mit einem Gefühl der Ohnmacht.

Die Zusammenhänge konnte ich zwar erkennen, Lösungen fielen mir jedoch nicht unbedingt ein. Vor einigen Jahren fing ich an, mich gezielter mit Entscheidungsfindung in Gremien und mit alternativen politischen Strukturen und Prozessen zu befassen.

Gerade in der Kombination derer fand ich Möglichkeiten, wie die Demokratie konsequent weiterentwickelt werden kann und dadurch die Herausforderungen dieser Zeit angegangen werden können. Wirken, können diese Erkenntnisse jedoch nicht, solange sie sich ausschließlich in meinem Kopf befinden. Daher halte ich es für wichtig, sie der Öffentlichkeit zugänglich zu machen.

Dieses Buch schreibe ich als besorgter und engagierter Mensch. Allerdings bin ich auch Psychologe. Das heißt, dass viele der hier skizzierten Überlegungen, die durch Beobachtungen und Erkenntnisse zustande kamen, auch durch meine berufliche Brille geprägt wurden.

Als gebürtiger Niederländer lebe ich nun seit fast 30 Jahren in Deutschland, ich bin 'gelernter Deutscher'. Meine Überlegungen betreffen meines Erachtens mehr oder weniger alle derzeitigen demokratischen Systeme. Mit der deutschen Situation wurde ich jedoch in diesen Jahrzehnten am direktesten konfrontiert, sodass mein Denken und die Beispiele sich eher an dieser orientieren.

Ich weiß, die ständige Flut an Informationen macht es schwierig schon eine Seite aufmerksam zu Ende zu lesen.

Geschweige denn ein ganzes Buch. Deshalb werde ich mich so kurz wie möglich fassen.

Eine ausgereifte Lösung werde ich nicht präsentieren, das wäre auch nicht unbedingt demokratisch. Aber die groben Umrisse eines möglichen Demokratieprojektes möchte ich dennoch skizzieren.

Meine Aussagen und Beobachtungen sind nicht alle wissenschaftlich gesichert. Dieses Buch ist nicht als wissenschaftliches Werk gedacht. Aus diesem Grund werde ich mich auch nicht an die wissenschaftlich vorgeschriebene Art der Literaturhinweise orientieren.

Meine Intention ist es, einen Beitrag, Ideen zu liefern. Darüber hinaus den Anfang eines hoffentlich gangbaren Weges aufzuzeichnen. Von Beginn an sollte dieser Weg selbst maximal demokratisch gestaltet werden. Das heißt, dass die weitere Gestaltung durch demokratisch erarbeitete Ideen und Entscheidungen zustande kommt. Also mit Beteiligung aller Betroffenen. Und ohne Verlierer.

Ich hoffe, dass dieses Buch, mit vielen anderen Ansätzen, einen Anstoß geben kann. Einen Anstoß zur Weiterentwicklung der vielleicht größten Entdeckung der Menschheit: der Demokratie. Der Weg, der hier zu gehen ist, soll logischerweise nach best denkbaren demokratischen Prinzipien gestaltet werden. Ich wünsche mir, dass dieser Entwicklungsprozess der Demokratie immer weiter geht.

Marten van den Berg, im Dezember 2019

Ist die Demokratie in Gefahr?

JA!

1. Gefahren für die Demokratie

1.1 Strukturelle Mängel

1.2 Lobbyismus und Erpressung

1.3 Erosion der Werte

1.4 Steigerung der Komplexität

1.5 Outsourcing des Denken

1.6 Inflation des Wahrheitsbegriffes

1.7 Zyklische Einflüsse

1.8 Konflikte

1.9 Angst

1.1 Strukturelle Mängel

Förderung politischer Eliten → Distanz zur Basis

Ritualisierung politischer Auseinandersetzungen

Die Demokratie nach dem Repräsentationsprinzip repräsentiert nicht

Mehrheitsprinzip: Gewinner & Verlierer, Missbrauch durch Populisten

Parteiensystem: Klientelentscheidungen

Ständiger Wahlkampfmodus

Förderung politischer Eliten

Das derzeitige politische System selektiert die Personen, die sich intensiv mit Politik beschäftigen nach gewissen persönlichen und soziografischen Merkmalen. Bereiche, die verstärkt mit der Ausübung von Macht zu tun haben, sind gerade für Menschen, die gerne Einfluss nehmen wollen, attraktiv. So ist es nachvollziehbar, dass man in der Politik, wie zum Beispiel auch im Management, Personen findet, die mehr als andere Menschen machtorientiert sind.

Schon die Vorherrschaft von Akademikern bei den politisch Tätigen macht klar, dass Regierung, Parlament und andere demokratische Institutionen alles andere als eine tatsächliche Abbildung (Repräsentanz) der Bevölkerung sind. Auch erste, zaghafte Versuche, hier durch Quotenregelungen etwas zu ändern, können darüber nicht hinweg täuschen.

Dass Eliten sich per Definition von 'der Basis' abheben, ist logisch. Ebenso klar, ist dass sie, wie andere Gruppen auch, ihre eigenen Vorteile zumindest mit im Blick haben. Hierdurch wird das politische System dazu neigen, Aufnahmeritualen zu bilden, die bestehenden Konstellationen und Traditionen zu schützen und den Zugang für neue Ideenträger zu erschweren.

Schaffen letztere diesen dennoch, so bekommen sie es zu tun mit einem Druck zur Anpassung. Das verhält sich nicht anders als in anderen sozialen Gruppierungen.

Der politisch tätige Ausschnitt der Allgemein-
bevölkerung wird somit – zurecht? - als einseitig
und elitär wahrgenommen.

Die demokratische Verfassungen sind mit Sicherheit eine großartige Leistung. Die auf diese
Verfassungen aufgebaute demokratische Systeme
hatten für die Weltgemeinschaft einen enormen
Verdienst. Über die Jahrzehnte hinweg führte
dies zu großer Stabilität, in beachtlichen Teilen
der Welt auch zu Frieden.

Jedoch: „das Gute ist der Feind des Besseren."
Ein starres System ist ein totes System. Die
Demokratie muss ihre Existenzberechtigung unter
Beweis stellen durch ihre Anpassungsfähigkeit.
Es kann nicht länger darum gehen, die Belangen
von Parteien, Personen oder Gruppierungen zu
verteidigen. Auf dem Spiel steht das Überleben.
Der Demokratie, der Menschheit, unseres Plane-
ten.

Ritualisierung politischer Auseinander-
setzungen

Die Ritualisierung ist zu einem großen Problem
der politischen Kultur geworden. Ergebnis-offene
Diskussionen zwischen politischen 'Konkurrenten'
finden kaum statt. Vielmehr werden frühzeitig
Standpunkte in Stein gemeißelt, weil diese dem
Interesse spezieller Wählergruppen oder Lobby-
isten entsprechen.

Flexibel zu reagieren auf erkennbare Anforderungen an die Politik ist somit so gut wie unmöglich.

Ein klares Beispiel sehen wir hier in der Umwelt-politik, insbesondere bei Klima- und Artenschutz. Immer noch drückt sich die internationale Politik davor, hier effektive Maßnahmen zu beschließen. Und das obwohl es hier um Themen geht die direkt die Existenz der Menschheit bedrohen.

Ein Paradebeispiel für Ritualisierung sind die Auseinandersetzungen in den Parlamenten. Diese sind zu Theaterstücken verkommen, wo es in den 'Diskussionen' nur noch darum geht, die eigene Wortgewandtheit unter Beweis zu stellen und politische Gegner in die Schranken zu weisen oder gar zu diffamieren. Nicht unbedingt um der Sache zu dienen sondern vielmehr um sich für die nächste Wahl zu positionieren.

Diese Schaukämpfe sind inzwischen Merkmal der Demokratien weltweit geworden. Aktuelle und abschreckende Beispiele dieser polarisieren-den Praxis, die eine hohes Potential hat Gesell-schaften zu spalten, finden wir bei Trump in den Vereinigten Staaten und in den Vorgängen zum Brexit in Groß-Britannien.

Die Demokratie nach dem Repräsenta-tionsprinzip repräsentiert nicht

Der tiefere Gedanke hinter gewählten Volks-vertretungen ist, dass der Wähler durch seine Stimme zum Ausdruck bringt, wie er sich zu anstehenden Entscheidungen verhalten würde. Die Praxis sieht leider etwas anders aus. Von einer Repräsentation in dem Sinne, dass die Vertretung ein Abbild der Gesellschaft wäre, sind wir meilenweit entfernt.

Trotz Bemühungen, durch Quotenregelungen zumindest das Ungleichgewicht nach Geschlecht auszugleichen, sind Politiker nach wie vor eher männlich, überdurchschnittlich alt und ohne Migrationshintergrund (bezogen auf die letzten 70 Jahren).

Um überhaupt gewählt werden zu können, muss man schon vorher innerparteilich Karriere gemacht haben. Allgemein menschliche Neigungen lassen vermuten, dass die Mitglieder der Parteigremien meist diejenigen fördern, die ähnliche Ansichten haben.

Vor allem kurz nach Wahlen wird immer viel gesprochen vom Mandat, dass dieser oder jener Partei von den Wählern bekommen hätte. Meist wird damit gemeint, dass die betreffende Partei die meisten Stimmen bekommen hat. Manchmal ist es auch die Partei, die am meisten zugelegt hat. Oder eine von mehreren, die gemeinsam mit anderen aus dem gleichen politischen Universum (links, rechts, konservativ, liberal, zentral) eine Mehrheit stellen würde. Dieses Mandat dient dann zur Rechtfertigung aller Ent-scheidungen, die bis zu den nächsten Wahlen getroffen werden.

Ein großes Problem dabei ist, dass wohl nur Wenige sich darüber Gedanken machen, wie Wählerentscheidungen letztendlich zustande kommen. Selten ist eine bewusste Abwägung der unterschiedlichen, meist umfangreichen, Parteiprogramme die Grundlage. Vielmehr sind es Gewohnheit oder Tradition, Sympathien für 'Parteibugbilder'.

Oder auch die Aufstellung einer Partei in einem oder wenigen speziellen politischen Feldern (z.B. „Klima" oder „Wirtschaft"), eventuell auch einfach nur „Protest". Aus so einem Durcheinander der Motivationen bei Wahlen ein Mandat für alle möglichen Einzelentscheidungen abzuleiten, wirkt irgendwie reichlich optimistisch.

Mehrheitsprinzip: Gewinner & Verlierer, Missbrauch durch Populisten

Wir haben uns so daran gewöhnt, dass wir es kaum infrage stellen: das Mehrheitsprinzip. Es leuchtet anscheinend allen ein, dass wenn die Hälfte plus eins eine Entscheidung befürwortet, dieses Ergebnis dann auch für alle gilt.

Wollen wir ganz sicher sein, zum Beispiel wenn das Grundgesetz geändert werden soll, dann nehmen wir eine qualifizierte Mehrheit. Hierfür muss dann ein relativ zufälliges Stimmenverhältnis zum Beispiel „mindestens zweidrittel der Stimmen" ausreichen.

Nun stellt sich zunächst einmal die Frage, wie Mehrheitsentscheidungen zustande kommen. Zu wichtigen Fragen entscheidet das Parlament. Vorbereitet werden die Entscheidungen durch Regierung und/oder durch Fraktionen.

Das Abstimmungsverhalten wird meist vorgegeben durch die Fraktions-/Parteiführung. In der Praxis sind es häufig nur wenige Personen, die ihre Position durchsetzen. Notfalls werden diese auch machtpolitisch erzwungen bis hin zu Rücktrittsdrohungen.

Der Begriff 'Kanzlermehrheit' steht daher in Widerspruch zur Grundidee der Demokratie.

Auch wenn Mehrheitsentscheidungen optimal demokratisch zustande kommen würden, blieben sie noch hoch problematisch. Sie unterteilen die Gesellschaft in Gewinner und Verlierer. Die einseitige Konzentration auf das Erreichen der notwendigen Mehrheit für eine Entscheidungsalternative lässt außer acht, dass eventuell „50- x%" der Bevölkerung sich etwas anderes gewünscht oder etwas anderes gebraucht hätte.

Inzwischen sehen wir, dass populistische, autoritär geprägte Personen, politische Gruppierungen und Regierungen das Mehrheitsprinzip für ihre Zwecke missbrauchen. Es wird ihnen leicht gemacht, Minderheiten zum Sündenbock der Nation umzufunktionieren.

Auch kann die Demokratie ausgehöhlt werden. Und zwar dadurch, dass man durch 'Mehrheitsentscheidungen' demokratische Prinzipien, wie eine unabhängige Justiz, abschafft oder diese gefällig macht.

Parteiensystem: Klientelentscheidungen

Politische Parteien sehen sich oft als Vertreter einer Ideologie, für bestimmte Wählergruppen oder für ein Wertesystem. Ein Gedanke dahinter ist, dass es Gruppierungen mit gegensätzlichen Interessen gibt. Es gilt dann, gerade die Interessen der Wähler der eigenen Partei durchzusetzen.

Zu wenig steht die Verantwortung für die Gesellschaft als Ganzes im Vordergrund. Darauf zu vertrauen, dass der politische Diskurs automatisch die Lösungen hervorbringen wird, die für die ganze Bevölkerung gut wären, scheint doch etwas naiv.

Problematischer werden Klientelentscheidungen noch, wenn nicht die eigene Wählerschaft, sondern 'Unterstützer', beispielsweise aus der Wirtschaft, begünstigt werden. Die Grenzen zu Vetternwirtschaft und Korruption werden unklar.

Zweitkarrieren von Politikern in Bereichen, für die sie in der Vergangenheit mit Verantwortung getragen haben, tragen nicht gerade dazu bei, das Vertrauen in die Politik zu steigern. Es wird immer weniger verständlich und vertretbar, dass wirtschaftliche Interessen oft klar erkennbaren gemeinschaftlichen Interessen, wie zum Beispiel einer halbwegs intakten Umwelt, vorgezogen werden.

Ständiger Wahlkampfmodus

Nach der Wahl ist vor der Wahl. Sowohl aus individuellen Gründen, wirtschaftlich/finanzielle Absicherung, Geltungsbedürfnis usw., als auch aus parteipolitischen oder ideellen Gründen, ist es Politikern und Parteien wichtig wiedergewählt zu werden. Dieses zeigt sich in den getroffenen Entscheidungen.

Viele Entscheidungen versuchen gerade die vermuteten Wünsche der eigenen Zielgruppe (Wähler und potentiellen Wähler) zu bedienen.

Und zwar in der Hoffnung, dass die zufriedenen Wähler ihnen auch bei der nächsten Wahl treu bleiben. Dass diese Entscheidungen auch die ausgewogensten für die ganze Gesellschaft sein könnten, ist eher unwahrscheinlich.

Verlieren Parteien bei den Wahlen, so droht ihnen Macht- und Bedeutungsverlust.

Daher sind alle politischen Protagonisten dauerhaft mit dem Thema 'Wiederwahl' beschäftigt. Abgesehen davon, dass dieses Bestreben sehr viele Energien bindet, wirkt es sich negativ auf die Qualität der Entscheidungen und der Entscheidungsprozesse aus. Es wird versucht, die eigenen Wähler zu befriedigen und alternative Wählergruppen zu überzeugen.

Die Notwendigkeit, sich von der politischen Konkurrenz abzuheben, 'das Profil zu schärfen', tritt in den Vordergrund. Nicht nur durch eigene 'positiven' Taten und Darstellungen sondern auch dadurch, dass der politische 'Gegner' schlecht gemacht, diffamiert wird. Um dann nach den Wahlen eventuell auf ihn angewiesen zu sein für eine Koalition.

Es ist klar, dass die dauernde Beschäftigung mit der Wiederwahl dazu führt, dass die kurzfristige Befriedigung von Bedürfnissen und das Vermeiden schmerzhafter Entscheidungen, attraktiver erscheinen als das Verfolgen langfristiger Ziele. Im Falle der Umwelt- und Klimapolitik zeigt sich beispielsweise, dass jede weitere Verzögerung dazu führt, dass die dann notwendigen Maßnahmen radikaler und umfassender werden müssen.

1.2 Lobbyismus und Erpressung

Zuviel wirtschaftliche Macht/ Kapital in zu wenigen Händen

Unternehmen sind multination- Aalglatt

Zuviel wirtschaftliche Macht/Kapital in zu wenigen Händen

Der Kapitalismus ins besondere auch der Neo-liberalismus wird zu einem ernsthaften Problem für die Demokratie. Die Idee, dass 'der Markt' in der Lage wäre, alle gesellschaftlichen Probleme zu lösen, erscheint im Licht der aktuellen Herausforderungen der Menschheit geradezu skurril.

Die Konzentration von sehr viel Geld bei sehr wenigen Personen führt dazu, dass gerade diese 'Auserwählten' über enorme Macht verfügen. Nicht nur öffnet sich die Schere zwischen arm und reich immer weiter, im gleichen Prozess verlieren die ärmeren Bevölkerungsteile stetig an Einfluss.

Unternehmen sind multination-Aalglatt

Auch wenn nicht wirklich klar ist, ob es jemals eine echte Alternative gegeben hätte, spielen gerade Internationalisierung und Globalisierung diesen Entwicklungen enorm in die Karten. So gut wie alle größeren Unternehmen agieren international und entziehen sich der Kontrolle nationaler Instanzen.

Sogar auf EU-Ebene werden die Behörden oftmals ausgetrickst. Regulierungen werden oft schon ausgehebelt, bevor sie überhaupt in Kraft getreten sind. Für die Bürger ist es allerdings schlecht nachvollziehbar, warum über Milliardengewinne häufig kaum Steuern gezahlt werden.

1.3 Erosion der Werte

Verrohung und Verflachung

Fernsehen, neue Medien, Spiele

Mangelnde Kommunikation zwischen Generationen

Erziehung

Fehlende Zeit, Ablenkung

Individualisierung der Gesellschaft

Fehlender Halt durch Religion und ...

Eine demokratische Gesinnung basiert auf ein entsprechendes Wertesystem. Selbstverständlich muss dieses nicht immer für alle Demokraten zu 100% deckungsgleich sein. Toleranz gegenüber abweichende Meinungen, das Respektieren anderer Menschen, Minderheiten und anderer Kulturen gehören auf jeden Fall dazu.

Die Falle der Mehrheitsdemokratie, speziell bei einem eingeschränkten Demokratieverständnis, besteht darin, das aus einer Demokratie eine Diktatur der Mehrheit entsteht. Speziell die Entwicklungen in Ost-Europa und in der Türkei zeigen, dass unvollständig entwickelte Wertesysteme genau diese eingeschränkte Auffassung des Demokratieverständnisses begünstigen.

Eine etablierte Demokratie, die sich genau vor diesen Gefahren schützen möchte, kann mehrere Wege gehen. Selbstverständlich ist es wichtig, zentrale Werte der Demokratie zu fördern. Das wird allerdings gar nicht so leicht sein. In Medien wie Fernsehen, Internet, mit Facebook, Twitter usw. scheinen die Tendenzen weiterhin in eine ganz andere Richtung zu steuern.

Verrohung und Verflachung

Das Miteinander der Menschen ist sicherlich ständigen Änderungen unterworfen. Schon seit mehreren Jahrzehnten ist zu beobachten, dass der Umgang mit Mitmenschen insgesamt rücksichtsloser geworden ist. Dies macht sich deutlich bemerkbar in der Sprache.

Ausdrücke und Beschimpfungen die in der Vergangenheit als 'unterste Schublade' aufgefasst wurden, haben sich mittlerweile in der normalen Umgangssprache etabliert.

Fernsehen, neue Medien, Spiele

In dieser gesellschaftlichen Entwicklung spielen Fernsehen und neue Medien eine große Rolle. Tabubrüche haben für viele Menschen einen gewissen Reiz. Die Anbieter haben dies erkannt: in den Trash-TV-Formaten wird den Konsumenten genau das geboten.

Schon die 'social learning'- Experimente von Bandura in den sechziger Jahren zeigten, dass Kinder zu Nachahmung von aggressivem Verhalten neigen, insbesondere dann, wenn sie sehen, dass dieses Verhalten belohnt wird.

Wenn im Fernsehen oberflächliches, aggressives oder herabwürdigendes Verhalten gezeigt und belohnt wird, ist es kein Wunder, dass wir einen 'Werteverfall' beobachten können.

Ein großes Problem stellen auch die 'lernfähigen' Suchsysteme im Internet dar. Diese bieten gerade die Informationen als erstes an, welche Ähnlichkeiten mit unseren früheren Entscheidungen zu bestimmten Themen aufweisen. So bekommen wir genau die Informationen gezeigt, die unsere Annahmen bestätigen. Statt Anregungen für eine intensive und nuancierte Auseinandersetzung mit Informationen zu liefern, bestätigt und verstärkt das Internet lediglich unsere Vorurteile.

Computerspiele kreieren Scheinwelten, die immer mehr zu alternativen Wirklichkeiten werden. Wenn Verhalten, das in diesen Spielen geübt und belohnt wird, auch seinen Weg in die nicht-digitale Realität findet, sollte uns das eigentlich nicht wundern.

Fehlende Kommunikation zwischen Generationen

In den vergangen Jahrzehnten hat eine Entwicklung stattgefunden, in der körperliche Leistungsfähigkeit, im Sinne von Belastbarkeit, und der Umgang mit neuen Technologien stark im Vordergrund standen. Dieser Effekt war vor allem im wirtschaftlichen Bereich deutlich erkennbar, drang jedoch auch immer mehr in andere gesellschaftlichen Bereiche ein.

Die hieraus resultierende fehlende Wertschätzung für ältere Mitarbeiter färbte sich ab auf die Beziehungen zwischen Generationen. Die Kommunikation neigte dazu mehr und mehr zu verflachen. Als Ergebnis wurde u.a. der Wertetransfer deutlich erschwert.

Erst in den letzten Jahren, Stichwort 'Fachkräftemangel', findet eine Rückbesinnung auf die Qualitäten älterer Mitarbeiter statt. In wie fern sich das förderlich auf die Kommunikation zwischen jüngeren und älteren Menschen auswirkt ist heute noch nicht absehbar.

Erziehung

Schon immer war die Erziehung für Eltern und andere damit Betreuten eine echte Herausforderung. Wo aber heute Religion und Tradition weit in den Hintergrund gerückt sind, fehlt auch noch dieser Halt. Soziale Vergleiche, schon im Kindergartenalter, dazu eine sehr einseitige, materielle Betrachtungsweise, führen zu einer materiellen Überversorgung von Kindern.

Die in den Medien vorgelebte Haltung, „sich nichts gefallen zu lassen", hat manchmal chaotische Zustände an Kindergärten und Schulen zur Folge. Dass Lehrer bedroht oder verklagt werden, weil Eltern mit den Schulnoten ihrer Kinder nicht einverstanden sind, ist nur ein erschreckendes Beispiel dieser Entwicklung.

Der dieser zu Grunde liegende Werteverfall, zeigt zusätzlich die Gefahr dass kommende Generationen ohne die entsprechenden Werte aufwachsen, die letztlich das Fundament der Demokratie bilden.

Fehlende Zeit, Ablenkung

Die Flut an Informationen durch die neuen Medien frisst Zeit und Konzentrationsvermögen. Viele Menschen haben inzwischen das Gefühl die Kontrolle über ihr Leben zu verlieren, wenn sie nicht rechtzeitig, oftmals ständig, ihre Nachrichten checken.

Leider lenkt dies oftmals ab von dem, was in der aktuellen realen Situation wichtig wäre. Menschen werden fahrig, treffen suboptimale Entscheidungen und fühlen sich generell überfordert.

Individualisierung der Gesellschaft

Wir leben in einer Zeit der 'individuellen Gewinnmaximierung'. Immer weniger wird auf Konsequenzen des individuellen Verhaltens für andere Rücksicht genommen.

Diese Konzentration auf den persönlichen Gewinn wird allerdings auch aus wirtschaftlichen Überlegungen, also durch Werbung, unterstützt. Das Kaufverhalten wird im Sinne von mehr Konsum gesteigert, wenn jeder als Individuum alles gerne hätte, was ihn als unverzichtbar vorgespiegelt wird. Erst in jüngster Zeit findet zu Themen wie Umwelt und Klimawandel ein Umdenken statt.

Fehlender Halt durch Religion und ...

Christliche Religion und Humanismus waren in den letzten Jahrhunderten verlässliche 'Wertelieferanten'. Die Kirchen haben allerdings massiv an Einfluss verloren.

Gleichzeitig wurde in der Erziehung, sowohl in der Familie als auch im Schulsystem, der Wertetransfer anderen Zielen untergeordnet oder weniger beachtet. Ethische Werte wurden materiellen Werten untergeordnet.

Dann ist es durchaus nachvollziehbar, wenn die 'klassischen' Wertvorstellungen in der Gesellschaft erodieren. Hiermit schwindet auch die Verankerung der Demokratie im Wertesystem des Einzelnen und somit ihr Halt in der Gesellschaft.

1.4 Steigerung der Komplexität

Globalisierung, Internationalisierung

Wackelnde Weltordnung

Alte und neue Feindbilder

Abhängigkeit von wenig beeinflussbaren äußeren Bedingungen

Umwelt und Klima

Vernetzung

Globalisierung, Internationalisierung

In der heutigen Welt sind nationale Regierungen kaum noch in der Lage Antworten für die Herausforderungen dieser Zeit zu finden. Dieser empfundene Kontrollverlust wirkt für viele Menschen bedrohlich.

Ein aus den Fugen geratener Kapitalismus entwickelt sich unter Missachtung althergebrachter nationaler Grenzen. Produziert und entwickelt wird dort, wo die Bedingungen für Gewinnmaximierung als günstig wahrgenommen werden. Oftmals bedeutet das: niedrige Löhne, billige, = schlechte, Arbeitsbedingungen und niedrige, vielleicht sogar fehlende, Steuern und andere Abgaben. Hieraus resultiert eine Art von Neokolonialismus. Die materialistischen 'Wertvorstellungen' werden gleich mittransportiert, was in den Produktionsländern zu Unzufriedenheit und Neid führt.

Diese führen zum Wunsch auch zu profitieren und somit zur Verstärkung von Migrationstendenzen. Diese werden allerdings in erster Linie ausgelöst durch die ganz reale Bedrohung von Leib und Leben, vor allem durch Konflikte. An diesen sind die 'global player', auch Europa und multinationale Unternehmen, durch frühere oder aktuelle Einmischung und durch Waffenlieferungen mehr als beteiligt.

Der Wegfall von Arbeitsplätzen in den klassischen Industriestaaten führt auch in diesen zu sozialen Spannungen.

Wie so oft werden diese dann an Minderheiten abgearbeitet. Menschen sind leichter als Feind wahrzunehmen als Systeme, wovon man sich eventuell doch noch Vorteile erhofft.

Die Tendenzen zur Globalisierung und Internationalisierung können nur von starken, tragfähigen und wandlungsfähigen Demokratien bewältigt werden.

Letztlich können jedoch Probleme auf internationaler Ebene nur durch Entscheidungen gelöst werden, die in internationaler Abstimmung getroffen werden. Zumindest wenn sie auch längerfristig eine Chance auf Erfolg haben sollen. Eine Aufteilung in Gewinner und Verlierer sollte auch hier unbedingt vermieden werden.

Wackelnde Weltordnung

Der Satz: "Nichts ist mehr wie es war..." hat in den letzten Jahren eine besondere Bedeutung bekommen. Staaten, die als demokratische Vorbilder gehandelt wurden, bekommen Populisten nicht mehr in den Griff, die schamlos lügen und bei ihrer Wählerschaft mit ihren einfachen, auf Hass basierenden Botschaften punkten können. Der politische Diskurs verkommt zum Niveau von Stammtischgefasel, demokratische Prinzipien werden ausgehebelt und ausgehöhlt.

Gerade die Komplexität unserer Welt wird als Bedrohung wahrgenommen, einfache 'Lösungen' als Erlösung. Hinterfragt werden diese nicht, so wenig wie die 'Führer', die sie äußern.

Die Welt wird künstlich kleiner gemacht, indem sie beschränkt wird auf den Nationalstaat und den nationalen Egoismus. Das scheint zu beruhigen. Für alle, die, mit der Geschichte vor Augen, versuchen weiter zu denken, ist dieses absolut beunruhigend.

Alte und neue Feindbilder

Schon immer hat es Gemeinschaften geholfen mehr zusammenzurücken, wenn für alle Unannehmlichkeiten im Leben ein 'Feind' verantwortlich gemacht werden kann. Der Feind kann die Gemeinschaft von außen bedrohen, er kann aber auch 'unter uns' sein. Im Falle von Flüchtlingen sogar in der Kombination.

Eine Sache ist ganz wunderbar an dieser, wohl urzeitlich begründeten, Tendenz. Nichts, was dem Feind vorgeworfen wird, muss auch nur ansatzweise realistisch, durch Fakten belegbar oder gar logisch nachvollziehbar sein. Ein 'Gefühl' reicht um den Feind zu identifizieren und zu denunzieren.

Das Bequeme am Feindbild ist, dass jeder Anlass zur kritischer Selbstbetrachtung (Selbstreflektion) verschwindet. Und gerade diese brauchen wir, um unsere Tendenz zu Vorurteilen und Feindbildern in uns selbst zu erkennen. Zu sehen, dass diese Tendenz demokratischen Werten entgegengesetzt ist und wir uns deshalb anders verhalten sollten.

Abhängigkeit von wenig beeinflussbaren äußeren Bedingungen

Menschen empfinden sich mehr und mehr als hilflos, wenn es sich um Entwicklungen 'in der Welt' betrifft. Einmal in vier Jahren ein Kreuzchen setzen zu dürfen, hilft dagegen leider wenig. 'Die Politiker machen eh alles falsch'.

Dass auch diese nur beschränkte Möglichkeiten und Freiheiten in ihren Entscheidungen haben, wird oft ausgeblendet. Verstrickungen und Verpflichtungen über die Landesgrenzen hinaus machen, dass die Spielräume national/regional Politik zu betreiben in vielen Fragen sehr gering sind.

Die empfundene Hilflosigkeit bei Bürgern ist problematisch. Dieses Gefühl ist auch bei traumatisierten Menschen vorherrschend. Die Reaktionen können sehr ähnlich wie in der posttraumatischen Belastungsstörung ausfallen: Wutentladung, unvorhersehbares Verhalten oder auch Resignation.

Umwelt und Klima

Täglich häufen sich die Meldungen von Katastrophen in der Umwelt und im Klima. Es sind Themen, die Spaltungen in der Gesellschaft zur Folge haben. Ein wachsender Teil der Bevölkerung nimmt inzwischen die Bedrohungen und ihre Ursachen, Jahrhunderte menschlichen Fehlverhaltens, sehr ernst.

Die notwendige Konsequenzen werden von vielen als Angriff auf ihren liebgewonnenen exzessiven, auf Konsum ausgerichteten Lebensstil wahrgenommen. Realitätsverweigerung oder 'Argumente' wie zum Beispiel, „andere sind schlimmer", „so etwas hat es immer schon gegeben" und eine ganze Reihe von Verschwörungstheorien müssen als Verteidigung, eben dieses Lebensstils herhalten.

Technischer 'Fortschritt' hat diese Krisen verursacht. Die Komplexität des Systems Erde wird wohl immer noch, auch von Experten, sträflich unterschätzt. Scheinbares Können und Wissen resultieren anscheinend in fehlende Hochachtung vor unserer Schöpfung.

Vernetzung

Durch Entwicklungen wie Smartphones, Skype, YouTube, Email und Whatsapp sind Menschen anders als in früheren Zeiten miteinander verknüpft. Die Beziehungsgeflechte haben sich dadurch grundsätzlich geändert. Internetfreunde und Likes werden, oftmals ohne Reflektion, gesammelt. Direkte Kommunikation findet eventuell nur noch statt, indem man sich gegenseitig Inhalte auf dem Smartphone zeigt.

1.5 Outsourcing des Denkens

Überforderung

Reiz-/Informationsüberflutung

Halbwertszeit von Informationen

Alte und neue Medien

Übertriebene (Pseudo-)Kommunikation und Erreichbarkeit

Fehlende Motivation und fehlendes Selbstvertrauen

Zunehmende Emotionalisierung

Erschöpfung

→ **Follow your Leader**

Überforderung

Das moderne Leben stellt für immer mehr Menschen eine Überforderung dar. Hierbei ist es eher unerheblich, ob diese Überforderung tatsächlich gegeben ist oder lediglich im Empfinden eines Menschen existiert. Die Auswirkungen sind die gleichen: Abtauchen in vereinfachte Fantasiewelten (informationstechnisch unterstützt), Reduktion von Informationen auf die, welche die bestehende Sichtweise unterstützt (Internetblase), das Suchen nach Schuldigen für reale oder vermeintliche Missstände.

Die Ursachen für die Überforderung sind einerseits zu finden in der zunehmende Komplexität und die rasante Änderungen in der Berufswelt wie im Privatleben. Darüber hinaus hat auch der Druck zugenommen, zu jedem Thema auch einen Standpunkt einzunehmen.

In der Überforderung neigen Menschen dazu Informationen zu reduzieren indem sie das, was sie am meisten verunsichert, negieren oder ausselektieren. Wenn eine Nachricht einen Verzicht oder eine Änderung der Gewohnheiten nahelegt, wird versucht, diese auszublenden oder anzufechten. Eventuell werden auch die Bringer der schlechten Nachrichten angegriffen, disqualifiziert. Die empfundene Überforderung schürt die Sehnsucht nach einfachen Lösungen.

Reiz-/Informationsüberflutung

Im Alltag werden wir durch immer mehr Reize regelrecht bombardiert. Unser Nervensystem ist irgendwann einmal für ein Leben in einer natürlichen Umgebung konzipiert worden. Egal ob Wüste oder Regenwald, Steppe oder Tundra, die Umgebungsreize sind zwar vielfältig, aber grundsätzlich nur für einen geringen Prozentsatz bedrohlich.

Ganz anders verhält es sich in einer vorwiegend von Menschenhand geschaffener Welt. Unser urzeitliches Nervensystem ordnet künstliche Reize grundsätzlich als Bedrohung ein. Das Ergebnis ist eine Stressreaktion. Eine häufig wiederkehrende Bloßstellung an solchen Reizen schwächt zwar diese Stressreaktionen. Die Häufung unterschiedlicher Reize lässt den Stresspegel im Laufe eines Tages ständig zunehmen. Dies gilt übrigens umso mehr für die ca. 20% der Mitmenschen mit einer Hochsensibilität.

Reizüberflutung gibt in jedem Sinnesbereich, egal ob visuell oder akustisch, Geruch oder Geschmack. Es gibt gute Gründe anzunehmen, dass die Dauerbelastung durch Strahlung aller Art und Chemie, auch wenn diese von den meisten Menschen nicht bewusst wahrgenommen werden, mit zu einem dauerhaft erhöhten Stresspegel führt.

Halbwertszeit von Informationen

Vermutlich konnte vor einigen Jahrhunderten das gesamte 'gesicherte' Wissen der Menschheit in einer Enzyklopädie mit einem Umfang von vielleicht 15 oder 20 dicken Wälzern zusammengefasst werden. Alle paar Jahre eine Ergänzung (ein zusätzliches Buch) reichte dann, diese um neue Erkenntnisse zu ergänzen und auf der Höhe der Zeit zu bleiben.

Da hat sich etwas geändert. Nicht nur, dass es vermutlich wöchentlich oder gar täglich so eine Ergänzung geben könnte. Darüber hinaus stellen neue Erkenntnisse vermehrt die alten in Frage.

Man kann mit recht behaupten, dass die Halbwertszeit von Informationen sich immer schneller (potenziell) verkürzt. Eine Entwicklung, die man interessant finden kann, es ist jedoch die Frage ob und wie viele Menschen die Flexibilität aufbringen können sich täglich aufs Neue darauf einzustellen.

Alte und neue Medien

In vielen Familien ist es zur Gewohnheit geworden, dass den ganzen Tag der Fernseher läuft. Der 'Reizteppich' wirkt beruhigend, fehlt er, so löst dieses Unwohlsein bis hin zu Angst aus. Eine Nebenwirkung ist, dass auf relativ unbewusster Ebene, ständig und kritiklos Informationen aufgenommen werden.

Dabei wird einem nicht einmal mehr bewusst, ob diese Informationen einer politischen Sendung, einer fiktiven Gerichtsverhandlung oder einer Kochsendung entstammen. Der Informationskonsument meint dennoch zu 'wissen', wie sich dieses oder jenes verhält.

Auch beim massiven Internetkonsum werden sehr unkritisch Informationen aufgenommen. Die entsprechende Softwaresteuerung der Suchmaschinen versorgen Nutzer mit Informationen, die mit dem bisherigen Suchverhalten kongruent sind. Es entstehen Scheinrealitäten, die sogenannten 'Blasen'.

Übertriebene (Pseudo-)Kommunikation und Erreichbarkeit

Whatsapp und andere Kommunikationsanbieter ändern das Verhalten ihrer Nutzer nachhaltig. Soziale Kontrolle, das Gefühl in diesem Universum wichtig zu sein und die Angst etwas zu verpassen nötigen zur ständigen Erreichbarkeit. 'Kommuniziert' wird jede noch so winzige Kleinigkeit des Alltags. Etwas zu Essen ist nahezu unmöglich geworden, wenn nicht vorher ein Foto des Tellers geteilt wurde.

Fehlende Motivation und fehlendes Selbstvertrauen

Tagtäglich Füttern wir uns mit einer Unmenge an Informationen.

Verwundert es dann, wenn Menschen nicht mehr in der Lage sind diese zu strukturieren, einzuordnen und zu bewerten? Leichter ist es, diese mühsamen Aufgaben anderen, eventuell sogar Maschinen zu überlassen.

Zunehmende Emotionalisierung

Wir nehmen die Ängste der Menschen zu ernst. Wenn jemand meint, seine Angst müsse ernst genommen werden, bedeutet das häufig, dass er möchte, dass die vermeintlichen Ursachen seiner Angst ausgeschaltet werden. Hat man Angst vor Fremden, soll die Grenze geschlossen und alle Migranten samt ihrer Kinder bis in der x-ten Generation sollen ausgewiesen werden.

Wir wissen, dass Angst, durch die Verweigerung sich mit ihr auseinanderzusetzen, ständig wächst. Ausländerfeindlichkeit ist nicht zufällig am ausgeprägtesten dort, wo sich die wenigsten Ausländer befinden.

Insgesamt gibt es einen Trend, dass Emotionen mehr und Argumente weniger die Diskussionen bestimmen. Emotionen steuern auch mehr als Argumente unser Verhalten und skrupellose Politiker nutzen gern falsche Informationen, um die für sie 'richtigen' Emotionen zu schüren.

Erschöpfung

Die, aus andauernder Überbelastung der Informationsverarbeitung resultierende, Erschöpfung fördert das Verlangen nach einfachen Lösungen.

Gerne wird die Verantwortung für das Finden solcher Lösungen abgegeben. Und zwar an Personen, die das 'Richtige' sagen, Menschen wie Du und ich eben. Selbst braucht man dann nicht mehr zu denken, der 'Leader' wird es schon richten.

1.6 Inflation des Wahrheitsbegriffes

Fehlende Überprüfbarkeit des Wahrheitsgehaltes

Technische Möglichkeiten, Bild- und Audiomaterial zu manipulieren

Qualitative Einbußen bei den Medien – es muss zu schnell auf zu viel reagiert werden

Algorithmen der Suchmaschinen: einmal falsche Fährte, immer falsche Fährte (automatische Selbstbestätigung)

(Un-) Absichtliche Fehlinformation (Trolle und Co.)

Fehlende Überprüfbarkeit des Wahrheitsgehaltes

Was ist Wahrheit? Diese Frage hat schon Generationen von Philosophen beschäftigt. Allen theoretischen Feinheiten, wie wichtig sie auch sind, zum trotz gibt es auch noch so etwas wie ein Gefühl der Verlässlichkeit von Informationen. Wie schön war doch die Zeit, wo ein einfaches Foto alle Diskussionen über den Wahrheitsgehalt von Aussagen überflüssig machen konnte.

Statt dessen leben wir in einer Zeit, in der jeder mit allgemein verfügbare Software Bilder und Audio ändern, verfälschen und somit eine neue 'Wahrheit' erschaffen kann. Es gibt also Grund an allem zu Zweifeln und das tun wir denn auch. Gerne so, dass wir das, was uns gerade nicht passt, als 'Fake' betrachten.

Journalismus und Wissenschaft, die seit langem als Lieferanten anerkannter Wahrheiten angesehen wurden, stehen immer mehr in der Kritik. Manchmal zurecht, öfter zu unrecht.

Wenn diese Entwicklungen schon nicht für eigene, meist populistische Zwecke ausgenutzt werden, so sorgen sie dennoch für eine Grundverunsicherung. Alles kann so sein wie es scheint, es kann sich allerdings auch ganz anders verhalten.

Technische Möglichkeiten, Bild- und Audiomaterial zu manipulieren

Die Einfachheit, womit Bild- und Audiomaterial bearbeitet werden können, hat mit Sicherheit ihre attraktiven und witzigen Seiten. So hat ein Programm wie Photoshop vielen Nutzern ermöglicht, Ihren Bildern einen professionellen Anstrich zu verpassen. Allerdings wird die Sache ganz ernst, wenn Software in diesem Bereich missbraucht wird um Persönlichkeitsrechte zu verletzen. Zum Beispiel jemanden mit seinem auf einem anderen Körper montierten Kopf im Internet bloßzustellen.

Noch schlimmer wird es, wenn durch Manipulation eine wichtige Faktenlage anders dargestellt wird.

Zumindest für Laien sind diese Täuschungen nicht als solche zu erkennen. Vielleicht schon noch für Experten, nur kommen deren Einschätzungen immer erst verzögert und diesen müsste man dann auch noch vertrauen. Wie kann man davon ausgehen, dass der Experte nicht auch ein Interesse an irgendeine Interpretation des Materials hat?

Normale Bürger haben kaum Möglichkeiten, durch Überprüfung oder durch Argumentation zu einem abgewogenen Urteil der Sachlage zu kommen. Daher geht man lieber nach dem Gefühl. Ist dieses, wie so oft bei empfindlichen Themen, von Angst geprägt, dann brauchen wir uns wenig Hoffnungen zu machen, in welcher Richtung die Überlegungen gehen.

Qualitative Einbußen bei den Medien – es muss zu schnell auf zu viel reagiert werden

Die technischen und gesellschaftlichen Entwicklungen sowie ihre Konsequenzen für die Erde und das Zusammenleben scheinen immer mehr Fahrt aufzunehmen, die Ausschläge immer ausgeprägter, die Gefahren größer zu werden. Diese Entwicklungen ziehen auch klassische und neue Medien, Berichterstattung und Journalismus in ihren Bann.

Es besteht der Druck, auch von entferntesten und abgelegensten Orten dieser Welt zu berichten, jeden Tag aufs Neue. Die Zeit, die bleibt für gründliche Recherche, Überprüfung von Daten und Quellen wird geringer. Dass in einer solchen Situation die Wahrscheinlichkeit von Fehlern zunimmt ist verständlich. Darüber hinaus werden diese Fehler in der heutigen Zeit auch deutlicher sichtbar.

Gewissenhaft arbeitende Medien versuchen den Umgang mit Fehlern transparent zu machen und Fehlerquellen aufzuspüren und auszuschalten. Damit werden Fehlern noch lange nicht von allen verziehen. Jeder kleinste Fehler bestätigt für gewisse Gruppen die Existenz einer 'Lügenpresse'. Und macht es umso leichter unliebsame Fakten als unwahr zu empfinden.

Diskussionen werden sehr zäh und mühselig, wenn die Sicht auf die Welt und die Faktenlage weit auseinander driften.

Die Voraussetzungen für eine Einigung sind nicht gegeben, wenn Meinungen in erster Linie durch unterschiedliche Emotionen und Wertvorstellungen geprägt sind.

Algorithmen der Suchmaschinen: einmal falsche Fährte, immer falsche Fährte (automatische Selbstbestätigung)

Kaum ein Tag geht vorbei, ohne dass irgendeine Abhandlung über die angebliche Segnungen der künstlichen Intelligenz erscheint. Dabei werden wir tagtäglich konfrontiert mit den Beschränkungen der bisher einflussreichsten Anwendung von künstlicher Intelligenz: die Suchmaschinen.

Durch Analyse unseres 'Surfverhaltens' liefert uns die Suchmaschine genau das, was uns anscheinend in der Vergangenheit gefallen hat. Es entstehen 'Informationsblasen', alternative Realitäten.

Sogar jemand, der hier kritisch ist, kommt kaum an diese Macht der Medien vorbei. Ist man weniger kritisch, was eventuell auf einen größeren Teil unserer Gesellschaft zutreffen könnte, dann liefert man sich dieser Einflussnahme bedingungslos aus.

(Un-)Absichtliche Fehlinformation (Trolle und Co.)

Fehlinformationen kommen auf unterschiedliche Art und Weise zu uns.

Sie können entstehen durch Zeitdruck, Druck der Erste zu sein, der berichtet. Daraus, dass ein Medium unbedingt eine sensationelle Geschichte bringen will, oder weil eine Person oder Organisation nicht rechtzeitig für eine Gegendarstellung zu erreichen ist. Das ist nicht schön, und auch eine Korrekturmeldung kann nicht immer die verursachten Schäden bereinigen. In der heutigen Zeit werden wir wohl damit leben müssen.

Schlimmer wird es, wenn bewusst Falschinformationen verbreitet werden. Journalisten, dessen Ego mit ihnen durchgeht und deshalb Sensationsgeschichten ganz oder teilweise erfinden, schaden vor allem das Image der Presse.

Das absichtliche Manipulieren von Einstellungen und Meinungen von Menschen schadet jedoch uns alle. Uns und die Demokratie, weil diese Form der Fehlinformation wohl vor allem von demokratiefeindlichen Kräften vorgenommen wird.

Geschickt werden negative Emotionen durch die 'passenden' Informationen unterstützt und verstärkt. Umso mehr Menschen sich verstricken in diesem Wirrwarr von Emotionen, Halbwahrheiten und glatten Lügen, umso schlechter werden sie erreichbar für rationale Argumente.

Und umso offener tragen sie ihre Ansichten nach außen, sodass andere verunsicherte Menschen mit in den Bann gezogen werden.

Es entwickeln sich Eigendynamiken, die für die klassischen Methoden des Diskurses quasi immun sind. Der Zulauf populistischer Parteien ist sicherlich für einen Großteil gerade auf diese gezielten Fehlinformationen zurückzuführen.

1.7 Zyklische Einflüsse

Lebenszyklus von Zivilisationen

Mangelndes historisches Bewusstsein

Überreizung → Gewöhnung → noch stärkere Reize

Das Gute ist der Feind des Besseren

Wirtschaftszyklen

Verlust an Flexibilität

Menschen lernen immer besser Schlupflöcher/Schwächen auszunutzen

Lebenszyklus von Zivilisationen

Im Laufe der Geschichte entwickelten sich immer wieder Zivilisationen. Sie entwickelten sich hin zu einem Höhepunkt und gingen dann früher oder später zugrunde. Manchmal wurden sie von einer anderen Zivilisation abgelöst oder gänzlich ausgelöscht. Manchmal fielen sie in sich zusammen oder vernichteten sich selbst.

Vermutlich hatten alle unserer Vorfahren das Gefühl: „so etwas kann uns nicht passieren". Im Nachhinein meinen Historiker die Vorzeichen des Verfalls meist erkennen zu können. Oftmals war es ein Verfall der Sitten, das Verwässern zentraler Werte, Dekadenz, die dem Ende vorausgingen.

Die heutige Zivilisation erfüllt gleich mehrere solche Voraussetzungen, die nahelegen, dass sie diesen Weg gehen könnte. Einige Tatsachen machen die heutige Krise sogar problematischer als die früheren. Zum ersten mal in der Geschichte der Menschheit gibt es eine weltweite Zivilisation, die auch mit ausreichend Vernichtungskraft ausgestattet ist, nicht nur die Zivilisation selbst, sondern eventuell die ganze Menschheit gar den Planeten zu vernichten.

Nur ein umfassendes und wirklich funktionierendes demokratisches System könnte dies verhindern.

Mangelndes historisches Bewusstsein

Die Geschichte wiederholt sich. Zwar nicht immer buchstäblich oder in festen Abständen, dennoch scheint viel Wahres in diesem Spruch zu sein. Irgendwie scheint es kaum möglich zu sein, Erinnerungen über eine Distanz von mehr als einer Generation wach zu halten.

Wohl überall gilt, dass Menschen nicht für die Taten ihrer Eltern und Großeltern verantwortlich gemacht werden wollen. Sicherlich zurecht. Verwunderlich ist jedoch, dass diese Schuldabwehr häufig eine kritische Auseinandersetzung mit geschichtlichen Themen verhindert. Genauso verwunderlich ist es, dass aufgrund der Geschichte und aktueller Geschehnisse, nationalistische Tendenzen, Diskriminierung und Unterdrückung nicht von allen Bewohnern des Planeten abgelehnt werden.

Überreizung → Gewöhnung → noch stärkere Reize

Überreizung führt bei manchen zu Überempfindlichkeit, bei anderen zu Abstumpfung. Die ersten versuchen sich zu schützen indem sie stärkere Reize vermeiden. Die zweite Kategorie braucht noch stärkere Reize um noch empfinden zu können.

Smartphone-, Internet- und Spielejunkies markieren die vorläufigen Endergebnisse eines solchen Überreizungsteufelkreises.

Eine ähnliche Entwicklung sehen wir bei den Adrenalin produzierenden Sportarten wie Freikletterern oder Paragliding.

Auch in gesellschaftlichen Auseinandersetzungen gibt es durchaus Tendenzen starke Reize zu provozieren. Zum Beispiel im Sinne von Gewaltanwendung, sexuelle Übergriffe auf Frauen oder Hass und Hetze im Internet.

Das Gute ist der Feind des Besseren

Die bisher gängigen demokratischen Regierungsformen, haben für eine gewisse Zeit ordentlich funktioniert. Die noch lebendigen von Schrecken erfüllten Erinnerungen an Zeiten der Diktatur, „nie mehr Krieg", waren für große Teile der Bevölkerung an vielen Orten der Welt Ansporn, sich mit Unzulänglichkeiten der Demokratie zufriedenzugeben.

Es gab die Angst, dass Änderungen an einem einigermaßen funktionierenden System die Gespenster der Vergangenheit wiederbeleben könnte. Dies war lange Zeit ausreichend als Motivation, lieber nichts Grundlegendes zu ändern. Die Angst ist inzwischen gewichen. Die existierende internationale demokratische Ordnung ist jedoch bisher zu immobil, um notwendige Entwicklungen initiieren oder zulassen zu können.

Wirtschaftszyklen

Die Weltwirtschaft, sowie die Volkswirtschaften unterliegen zyklische Einflüsse. Es gibt davon mehrere Modelle, jeweils mit ihren Erklärungen für die wiederkehrende Phänomenen von Wachstum, Hochkonjunktur, Rezession und Depression.

Angst und Optimismus sind sowohl Erzeuger als auch Folge dieser zyklischen Bewegungen. In Zeiten eines befürchteten oder tatsächlichen Abschwungs findet eine Generalisierung der Angst statt, die auch Einfluss auf politische Prozesse, Entscheidungen und Entwicklungen und somit auch auf die demokratische Gesinnung der Bevölkerung ausübt.

Auf Existenzängste folgen häufig Bedürfnisse zur Abgrenzung, Ausgrenzung und Diskriminierung zur 'Verteidigung' des wirtschaftlichen Status Quo.

Verlust an Flexibilität

Von Menschen begründete Systeme verlieren im Laufe ihrer Existenz an Flexibilität. Ein Grund, warum dies so ist, liegt darin, dass die wichtigsten Vertreter des Systems gelernt haben, persönlichen Nutzen daraus zu ziehen. Umso rigider die, von ihnen selbst aufgestellte Regeln sind, umso vorhersagbarer wird auch für sie die eigene Zukunft.

Politische Systeme bilden in dieser Hinsicht keine Ausnahme. Durch das Aufstellen von politischen Spielregeln in Bezug auf Wahlen, Prozeduren und so weiter wurden die eigenen Zukunftsunsicherheiten minimiert.

Auf längerer Sicht nagt man hiermit jedoch an den Existenzgrundlagen des Systems. Kann ein System nicht mehr flexibel auf externe Anforderungen reagieren, dann ist sein Ende besiegelt.

Menschen lernen immer besser Schlupflöcher/Schwächen auszunutzen

Umso länger sich ein politisches System hält, umso mehr lernen Menschen Eigenheiten des Systems für ihre eigenen Zwecke zu missbrauchen.

Ein klares Beispiel sehen wir im Umgang der extremistischen und populistischen Parteien mit der Demokratie. Gerade diese berufen sich immer wieder auf die zentralen, besonders geschützten Werte der Demokratie, insbesonders auf freie Meinungsäußerung und Diskriminierungsverbot. Die sie dann, ganz klar, selbst missachten.

Es fällt der Demokratie schwer, damit einen Umgang zu finden. Allerdings kann man sich fragen, ob eine Demokratie, die, zumindest in Teilen, auf ein Parteiensystem verzichtet, nicht viel robuster solche Angriffe widerstehen könnte.

1.8 Konflikte

International

Radikalisierung ↔ Terrorismus

    Religiös

    Ethnisch

    Politisch

    Staatlich

Machtpolitisches/militärisches Engagement von größeren und kleineren ‚Spielern'

National

Wohlstandschere

Klassenstreit

International

Ob es eine eine belegbare Entwicklung ist oder nicht, lässt sich ohne eingehende Prüfung nicht mit Sicherheit behaupten. Zumindest besteht jedoch der Eindruck, dass die Zahl der tatsächlichen oder drohenden bewaffneten internationalen Konflikte zunimmt. Dieser Eindruck besteht vielleicht nur aufgrund einer intensiveren medialen Berichterstattung aus den entferntesten Ecken dieser Erde.

Was sich auf jeden Fall geändert hat, ist unser Erleben weltweiter Distanzen. Da so gut wie jeder Ort dieser Welt in wenigen Stunden zu erreichen ist, haben Bedrohungen, auch in entferntesten Regionen, psychisch sehr wohl ihre Auswirkung.

War Nordkorea in den siebzigern eher uninteressant, weil weit weg und abgeriegelt, redet heute jeder über den dort ansässigen Diktator mit seiner Faible für Raketen und Atomwaffen.

Auch in weiter Entfernung stattfindende Konflikte lösen Gefühle der Verunsicherung und Angst aus, was sich auch auf die Wahlentscheidungen einzelner Bürger auswirkt. Die Sehnsucht, sich hinter vermeintlich sicheren nationalen Grenzen zu verstecken nimmt zu, ebenfalls das Bedürfnis selbst (als Nation) Stärke zu zeigen.

Radikalisierung ↔ Terrorismus

Moderat zu sein setzt einige Qualitäten voraus. Zum Beispiel gehört dazu, die Komplexität unserer Welt anzuerkennen. Oder auch die eigene Standpunkte zu überprüfen vielleicht sogar infrage zu stellen. Auch die Bereitschaft anderen Menschen zuzuhören und zu respektieren ist so eine Voraussetzung. Nicht jeder ist bereit, vielleicht sind auch nicht alle fähig, diese Qualitäten bei sich zuzulassen und zu fördern.

Da ist der Schritt in die Radikalität für manche leichter. Hier gibt es dann nur eine Wahrheit und zwar die eigene. Für Dritte gibt es dann nur zwei Möglichkeiten: entweder sind sie für oder gegen ein selbst.

Die Welt, die man sich damit erschafft ist klar und eindeutig. In so einer Welt fällt es leichter, sich sicher zu fühlen.

Religiös

Fanatismus, Radikalität und Terror aufgrund religiöser Überzeugungen gab es schon lange. Nicht erst seit dem in den letzten Jahrzehnten der Islamismus so deutlich zu Tage tritt.

Vielleicht liegt es daran, dass Religionen gerade das anbieten, was Menschen radikalisiert: einfache Erklärungen für eine als zu kompliziert empfundene Welt. Die Probleme durch Religion entstehen vor allem dann, wenn Menschen sich unreflektiert auf ausgewählte Texte oder Auslegungen dieser beziehen.

Das kann, wie beim Christentum teilweise der Fall war und ist, soweit gehen, dass sich Gruppierungen zumindest in ihrem Verhalten gegen zentrale Werte (Liebe, Vergebung) ihrer Religion stellen. Und sich dennoch auf diese berufen. In Südostasien gibt es erschreckende Beispiele davon, dass dies auch im Hinduismus und sogar im Buddhismus existiert.

Ethnisch

In den 1990er Jahren hat der Balkankonflikt, für viele überraschend, gezeigt, wie lange Ressentiments zwischen ethnischen Gruppierungen überleben können. Friedlich zusammenlebende Nachbarn erschlugen sich plötzlich gegenseitig, Freundschaften wichen Hass.

Auch heute sehen wir, dass die klassischen Sündenböcke Europas, die Sinti, die Roma und die Juden, nach wie vor diskriminiert und bedroht werden. Manchmal, wie in Ungarn, sogar mit staatlicher Unterstützung.

Politisch

In der heutigen Auffassung der Demokratie, geht man davon aus, dass die politische Auseinandersetzung zum besten Endergebnis führt. Wären alle ausschließlich an diesen interessiert, dann wäre das auch durchaus möglich.

Die Praxis zeigt ein anderes Bild. Die erste Priorität liegt oftmals beim Erlangen, Erhalten und Vergrößern von Macht.

Dazu ist es notwendig, das Parteien 'ihr Profil schärfen', oder 'Wähler am rechten oder linken Rand abholen'. Eine verhängnisvolle Wechselwirkung findet statt, die zur Radikalisierung und Spaltung, von Politik und von Gesellschaft, beiträgt.

Diese Radikalisierung führt dann zu terroristischem Gedankengut und Handlungen. Anfangs kehren diese sich meist vor allem gegen die 'andere Seite' des politischen Spektrums. Später werden alle, die diese Entwicklung kritisch betrachten, als Feinde und potentielle Ziele angesehen.

Staatlich

Staatlichen Terrorismus gibt es dann, wenn ein Regime gegen Teile der eigenen Zivilbevölkerung militärisch vorgeht. Leider gab und gibt es da Beispiele zuhauf. Giftgaseinsätze im Irak und in Syrien mögen hier als Illustration reichen.

Machtpolitisches/militärisches Engagement von größeren und kleineren ‚Spielern'

Das Eskalieren von Konflikten entwickelt sich in Richtung einer größeren Vielfalt. Nach wie vor gibt es das tatsächliche militärische Eingreifen oder das Drohen damit zur Durchsetzung von Interessen oder Machtgewinn.

Wirtschaftlicher Druck und Missbrauch von Informationstechnologien sind jedoch sehr auf dem Vormarsch. Das Ausüben wirtschaftlichen Drucks durch Boykott gab es schon länger. Wirtschaftskriege, mit ungewissem Ausgang für die Weltwirtschaft, sind in der heutigen Form neu.

Aggressionen zwischen Nationen tragen grundsätzlich zu Verunsicherung der Bürger bei. Dies ergibt ein weiterer Grund für eine Tendenz zum Nationalismus.

Koordinierte Trollangriffe, mit dem Ziel, die öffentliche Meinung zu manipulieren, sind inzwischen an der Tagesordnung. Direkte Angriffe auf automatisierte Wahlverfahren bis hin zur Stimmenauszählung sind ebenfalls möglich. Diese sind als sehr direkte Angriffe auf die Demokratie zu werten. Auch Hackerangriffe auf essentielle Infrastruktur, Trinkwasser- und Energieversorgung bis hin zu (Kern-)Kraftwerken, nehmen zu.

National

Politische Fragen und Entscheidungen scheinen immer mehr zu Spaltung, Lagerbildung in der Bevölkerung zu führen. Hier spielt mit Sicherheit eine Großzahl von Faktoren eine Rolle.

Einige Beispiele der Ursachen sind:
- Frustration über getroffene Entscheidungen
- Die Existenz von 'Informationsblasen'
- Das Gefühl immer auf der Verliererseite zu stehen
- Nicht beachtet zu werden
- Neid auf andere Gruppierungen
- nicht, oder zu wenig vorhandene demokratische Werte
- die Ausnutzung durch skrupellose Politiker

Wohlstands Schere

Die Distanz in Einkommen und Vermögen zwischen reichen und armen Menschen wird immer größer. Der Mittelstand schrumpft, wobei die meisten Vertreter der mittelständigen Gruppe in Richtung Geringverdiener abrutschen.

Politiker, als Vertreter der Oberschicht, werden wahrgenommen als „die da oben". Ihnen wird, vielleicht mehr als früher, die Kompetenz abgesprochen, sich in die Realität der gering verdienende Masse einfühlen und darüber urteilen zu können.

Klassenstreit

Durch die Verschiebungen der wirtschaftlichen Positionen gibt es die klassischen Protagonisten des Klassenstreits nicht mehr. Die klare Trennung zwischen 'Arbeitern' und dem Rest ist aufgehoben.

Die Macht der Gewerkschaften schwindet, eine Erosion der Volksparteien, insbesondere als Vertreter der Arbeiterklasse findet statt.

Stattdessen ist eine Verstärkung von ökologischen Parteien auf der einen Seite, extremen Parteien auf der anderen Seite sichtbar. Logischerweise mit Folgen für die Demokratie.

1.9 Angst

vor

Verlust: Wirtschaftlicher Abschwung, Armut, usw.

Neuem, Fremdem, Fremden

Nicht-Beachtung, Anonymität

Komplexität, Nicht-Verstehen

Wie es im Volksmund heißt, ist „Angst eine schlechte Ratgeberin". Angst erzeugt Stressreaktionen. Stehen wir vermehrt unter Stress, verlieren wir unsere psychische Flexibilität: wir entwickeln einen Tunnelblick.

Unter Stress neigen wir dazu, auf Standardlösungen zurückzugreifen und daran festzuhalten, auch wenn sich zeigt, dass diese nicht funktionieren.

Zusätzlich stärkt Stress das Bedürfnis nach Vereinfachung. Durch diese Vereinfachung wird das lähmende und bedrohliche Gefühl der Überforderung reduziert oder vermieden.

Wirtschaftlicher Abschwung, Armut

Die Tatsache, das Empfinden oder die Vorstellung nicht (mehr) für sich sorgen zu können löst starke Ängste aus. Eine soziale Absicherung, wie wichtig und notwendig auch, reicht nicht aus um den befürchteten Gefühl des Kompetenzverlustes auszugleichen.

Es geht auch nicht nur um Sicherung eines Existenzminimums. Genau sosehr geht es um den Verlust des Lebensstandards oder sozialen Status, also Verlustangst.

Neuem, Fremdem, Fremden

Befürchtete Verluste müssen nicht unbedingt materieller Art sein.

Sehr ausgeprägt scheint, zumindest in einem Teil der Bevölkerung, die Angst vor 'Überfremdung' zu sein. Im Wesen ist dies, zumindest auch, die Angst vor Verlust der nationalen, eventuell regionalen, Identität.

Ich mutmaße, dass diese übergeordnete Identität vor allem dann wichtig wird, wenn die persönliche Identität eher wenig entwickelt ist. Umso schmaler die Basis der Identität, umso größer die Angst, sie zu verlieren.

Viele Menschen haben Angst vor Veränderungen. Ein Teil dieser Angst resultiert sicherlich aus der Befürchtung, neuen Situationen nicht gewachsen zu sein. Das Bekannte gibt Sicherheit, man hat schon seine Erfahrungen damit, worauf man mühelos zurückgreifen kann.

Neues, Fremdes oder fremde Menschen erfordern neue Überlegungen, Flexibilität, vielleicht sogar neues Verhalten. Dafür muss man seine Komfortzone verlassen und das fühlt sich gefährlich an.

Nicht-Beachtung, Anonymität

Genauso groß wie die Angst aufzufallen ist die Angst vor Nicht-Beachtung. Dieselben Menschen, die sich große Sorgen machen, was wohl die Nachbarn von ihnen denken mögen, haben Angst, dass sie und ihre Bedürfnisse nicht wahrgenommen werden.

Weil sie individuell nicht auffallen mögen, äußern sie ihre Botschaften lieber in Gruppen, gerne auch sehr großen. Hier kann man das angstfrei herausschreien, wovon man meint zu wissen, dass alle Nachbarn mit ihm einer Meinung sind.

Irgendwann schleicht sich unweigerlich die Überzeugung ein, dass die 'Mehrheit' oder gar 'das Volk' genau diese Meinung vertreten.

Komplexität, Nicht-Verstehen

Etwa nicht zu verstehen macht Angst. Die Welt ist so komplex, dass niemand von sich behaupten könnte, sie wirklich zu verstehen. Um dennoch handlungsfähig zu bleiben, entwickeln wir Theorien, die unsere Welt zumindest in Teilen erklären können.

Allerdings bleiben dies Theorien und wir sollten nicht den Fehler machen zu meinen, dass sie die Wirklichkeit sind. Zur Bekämpfung der Angst reichen Theorien, die versuchen der Komplexität gerecht zu werden, in aller Regel nicht aus. Hier helfen eher einfache 'Wahrheiten', eventuell auch platte Lügen.

2. Thesen

Das Überleben des Planeten ist abhängig von den Entscheidungen von Menschen

Die Akzeptanz von Entscheidungen hängt zusammen mit der Möglichkeit des Einzelnen, sich als vertreten, repräsentiert zu erfahren im Prozess der Entscheidungsfindung

Letzteres ist ausschließlich möglich in einem demokratischen System.

Fazit

Das Überleben des Planeten ist davon abhängig, ob wir in der Lage sind die Demokratie und ihre Prozesse so zu gestalten, dass Menschen sich wahrgenommen, ernst genommen und vertreten wissen.

3. Ideen für eine neue Demokratie

3.1 'Ausmerzen' der Nachteile der Parteien-demokratie

3.2 Optimieren von Ent-scheidungsprozessen

3.3 Demokratie des Loses

3.1 'Ausmerzen' der Nachteile der Parteiendemokratie (z.B.)

Einschränkung der Wiederwählbarkeit

Einschränkung der Mandatszeiten

Berufsverbote für Politiker nach ihrer Laufbahn

Stärkere Korruptionsgesetze mit strikter Kontrolle (auch nach dem Beenden einer politischen Laufbahn)

Vorgeschriebene, nachvollziehbare demokratische Entscheidungsstrukturen in den Parteien

Verbot des Fraktionszwangs bei Abstimmungen

„We don't need another Hero" → Dienende statt führende Politiker, das heißt: Umsetzen von dem, was demokratisch vorbereitet und entschieden wurde

Keine Pattexpolitiker → Besinnung auf politischen Anstand

Keine Erpressung zur Durchsetzung persönlicher Standpunkte

Änderung der politischen Diskussionskultur

Mehr direkte Demokratie

Einschränkung der Wiederwählbarkeit

Politische Entscheidungen machen zumindest den Anschein oftmals aus Überlegungen der Wiederwahl getroffen zu werden. Erneut gewählt zu werden heißt für Politiker und Parteien Kontinuität in Macht- und existenziellen Fragen.

Eine Einschränkung der Wiederwählbarkeit von Personen, würde dieser Tendenz zumindest teilweise entgegensteuern.

Einschränkung der Mandatszeiten

Sozial lebende Säugetiere organisieren sich in aller Regel so, dass ein ausgewähltes Individuum, eventuell auch ein Paar, das Rudel, die Rotte oder die Herde führt.

Überraschenderweise übernimmt diese Rolle nicht immer die Kampfstärksten, sonder oftmals diejenige, die sich durch Klugheit oder diplomatisches Können auszeichnen. Führung bedeutet in erster Linie Verantwortung und zwar die Verantwortung für Sicherheit und Existenzsicherung der Gemeinschaft.

Auch heute sind wir in unserer Regierungsform noch nicht viel weiter. Nur sind die Problematiken unendlich komplex, die Verantwortung ist immens.

Einzelne Personen (Kanzler) oder maximal Kleingruppen (Regierung) mit diesen Aufgaben zu belasten, mutet irgendwie archaisch an.

So ist es nicht überraschend, dass es immer schwieriger wird, für solche übergroßen Posten die passenden Personen zu finden. Diejenigen, die sich einen solchen Posten zutrauen, sind mitnichten auch immer dafür geeignet.

Zum Schutz einzelner Menschen mit zu viel Verantwortung, aber mehr noch der Gemeinschaft und der Menschheit brauchen wir unbedingt ein Umdenken.

Die Aufgabe, kreative Lösungen zu finden und zu entscheiden, muss auf mehr Schultern verteilt werden. Die Einschränkung von Mandatszeiten ist dabei notwendig, aber nicht ausreichend.

Berufsverbote für Politiker nach ihrer Laufbahn

Nach dem Ausscheiden aus der Politik entscheiden sich viele für eine Tätigkeit „in der Wirtschaft". Da Politiker nun mal vielfach an Entscheidungen, die finanziell/wirtschaftlich Branchen oder einzelne Unternehmen betreffen, beteiligt sind, ist dies nicht unproblematisch.

Ob zurecht oder nicht, steht immer eine mögliche Korruption, eine Vorteilnahme im Raum. Umso mehr ist dies der Fall, wenn der Eindruck besteht, dass außer der vorherigen Position nichts für den neuen Posten qualifiziert.

Diese durchaus gängige Praxis hat das Ansehen des politischen Betriebs sehr geschädigt. Also: nicht tun.

Es gibt durchaus wichtigere Überlegungen als die künftige Entfaltungsmöglichkeiten ehemaliger Politiker.

Stärkere Korruptionsgesetze mit strikter Kontrolle (auch nach Beendigung einer politischen Laufbahn)

Ergänzend zum vorherigen Punkt brauchen wir einen Fokus auf Vorbeugung und Kontrolle wenn es um mögliche Korruption geht. Freiwilligkeit reicht hier nicht aus. Es ist nachvollziehbar, dass dieser Bereich bisher in der Politik weniger Aufmerksamkeit als notwendig gewidmet wurde. Kein Mensch beschränkt gerne und freiwillig die eigenen Freiheiten.

Für das Überleben der Demokratie sind Maßnahmen zur Sicherung der Integrität der an Entscheidungen beteiligten Personen unabdingbar. Hier geht es in erster Linie um die Außenwirkung: wie wird der politische Betrieb wahrgenommen.

Vorgeschriebene, nachvollziehbare demokratische Entscheidungsstrukturen in den Parteien

Parteien haben in politischen Entscheidungsprozessen großen Einfluss. Die Prozesse, die Standpunkte innerhalb einer Partei vorbereiten und festlegen, sind in der Regel nicht wirklich demokratisch.

An diesen Prozessen sind nicht die Wähler der Partei beteiligt, sondern höchstens die Mitglieder. Oftmals sind es nur kleinere Gremien innerhalb der Parteien bis hin zu Einzelpersonen. Unter dem Strich kann das bedeuten, dass Entscheidungen, die der Meinung nur eines Bruchteils der Bevölkerung entsprechen, getroffen werden.

Für die Demokratie hat diese Praxis verheerende Auswirkungen.

Verbot des Fraktionszwangs bei Abstimmungen

Parteien sind, im Idealfall, ein Abbild eines Teils der Bevölkerung. Es ist äußerst unwahrscheinlich, dass alle Wähler einer Partei sich in allen politischen Fragen einig sind. Daher ist Fraktionszwang zutiefst undemokratisch. Er ist ein Machtmittel um die Interessen der Parteieliten durchzusetzen.

„We don't need another Hero" → Dienende statt führende Politiker, das heißt: Umsetzen von dem, was demokratisch vorbereitet und entschieden wurde

Ohne Kommentar...

Keine Pattexpolitiker → Besinnung auf politischen Anstand

Es soll einmal Zeiten gegeben haben, wo Politiker, die beispielsweise auf Lügen ertappt wurden, sogar ohne dass dies bewiesen werden konnte, von ihren Ämtern zurückgetreten sind. Zumindest aber wurden diese so lange ruhen gelassen, bis die Angelegenheiten geklärt waren. Das hat die Glaubwürdigkeit der Personen, die politisch tätig waren, der politischen Parteien, aber auch des demokratischen Systems insgesamt enorm unterstützt.

Bis auf Ausnahmen scheinen sich hier die Gepflogenheiten sehr geändert zu haben. Üblich sind jetzt eher Verneinung von Vermutungen und Fakten bis hin zu Realitätsverweigerung, Diffamierung von Personen, die Missstände enthüllen und Inanspruchnahme des 'normal Menschlichen', auch für Politiker.

Diese Haltung hat zu großen Imageschäden für das politische System geführt. Hier braucht es unbedingt eine Rückbesinnung auf frühere Werte. Oder wenn man so will: ein echtes modernes Krisenmanagement.

Keine Erpressung zur Durchsetzung persönlicher Standpunkte

Zentrale Persönlichkeiten in Parteien oder Regierungen versuchen des öfteren ihre persönlichen Standpunkte durchzudrücken.

Das tun sie, indem sie mit Rücktritt drohen, falls eine andere Alternative entschieden werden sollte. Dass diese oftmals damit durch kommen, zeigt, dass die Ansichten Einzelner als wichtiger gehandelt werden als die von Gruppen, gegebenenfalls sogar von Mehrheiten.

Das ist grundsätzlich eine eher nicht-demokratische Haltung. Selbstverständlich kann es passieren, dass eine Entscheidung für eine Person nicht tragbar ist. Ein Rücktritt ohne Drohung vorweg kann nach so einer Entscheidung durchaus akzeptabel sein.

Änderung der politischen Diskussionskultur

Man kann drei hierarchische Ebenen der politischen Diskussionskultur unterscheiden. Auf den Punkt gebracht kann man miteinander, gegen einander oder über einander reden.

Traditionell hat sich die Politik auf den politischen Diskurs, auf Streitgespräche, also gegen einander reden, gerichtet. Dieses entspricht auch der politischen Profilneurose, die durch die Notwendigkeit Wahlen zu gewinnen genährt wird.

Tendenziell verkommt der Diskurs häufig zu dem reden übereinander. Dies dann bis zu handfesten Diffamierungen und Beleidigungen.

Für die Qualität der Entscheidungen wäre jedoch das ergebnisoffene Reden miteinander die weitaus bessere Alternative.

Mehr direkte Demokratie

Das Referendum wird häufig als einzig wirkliche Möglichkeit der direkten Demokratie betrachtet. Dabei ist diese Alternative mit einigen entscheidenden Nachteilen behaftet.

Volksabstimmungen sind sehr anfällig für populistisch agierende Personen und Parteien. Früher ging man noch davon aus, dass durch Aufklärung der Faktenlage, zum Beispiel durch eine freie Presse, eine Korrektur stattfinden würde.

Heute werden wir da eines Besseren belehrt. Brexit und Trump zeigen deutlich, dass Menschen lieber das glauben wollen, was ihren eigenen Ansichten, Befürchtungen und Vorstellungen entspricht. Im alten Athen hat man versucht diese Tendenz zu durchbrechen, indem Populisten Verbannung drohte.

Menschen sind mehr oder weniger am Thema eines Referendums interessiert. Manche sind aufgrund dessen bereit, sich umfangreich zu informieren. Anderen reicht es, in der Wahl ihre vorgefertigte Meinung auszudrücken. Egal, auf welche Datenlage diese basiert ist.

Noch wieder andere folgen den Vorgaben politischer Parteien, Politiker oder anderer ‚Influencer'. Und anscheinend ist es da oftmals nebensächlich, ob das Idol nachweisbar lügt oder nicht.

Fraglich ist dann, ob es ‚gerecht' oder der Sache dienlich ist, dass all diese unterschiedlich motivierten und informierten Personen alle gleich viel Einfluss ausüben dürfen. Weder die herkömmliche Demokratie noch die bisher realisierten direkt-demokratischen Ansätze bieten hier befriedigende Antworten.

3.2 Optimieren von Entscheidungsprozessen

Systemisches Konsensieren (Visotschnig, Schrotta, ab Anfang der 80-er Jahre)

Entscheidungsprozesse befreien von machtpolitischen Überlegungen und Einflüssen

Eine größtmögliche Konsens wird erreicht durch das Minimieren von Widerstand statt durch Maximierung der Zustimmung wie in der „Mehrheitsdemokratie"

Die übliche Unterteilung in „Gewinner" und „Verlierer" entfällt

Wir haben gesehen, dass mehr direkte Demokratie in Form von Referenden durchaus Nachteile zu verzeichnen hat.

Wenn wir uns von der klassischen Mehrheitsdemokratie verabschieden und stattdessen von Anfang an Minderheitsmeinungen optimal in die Entscheidungsfindung mit einbeziehen, so hat dies bessere Chancen auf ein wortwörtlich akzeptables Ergebnis. Genau das kann das Systemische Konsensieren leisten.

Systemisches Konsensieren (Visotschnig, Schrotta, ab Anfang der 80-er Jahre)

Demokratische Entscheidungsprozesse funktionieren in aller Regel nach dem Mehrheitsprinzip. Es steht ein Vorschlag zur Abstimmung und die Wähler oder Abgeordnete können sich dafür oder dagegen entscheiden, eventuell sich der Stimme enthalten. Wie auch immer: die Mehrheit bestimmt, ob der Vorschlag angenommen wird oder nicht.

In dieser Mehrheit sind eventuell viele vertreten, die den Vorschlag nicht unbedingt billigen. Die Alternative, den Vorschlag abzulehnen, wäre jedoch für sie noch schlechter.

In diesem Fall sind die ‚echten' Befürworter, die den Vorschlag aus Überzeugung zustimmen, die Gewinner. Die Befürworter, die 'aus der Not heraus' für den Vorschlag stimmten, sind gemeinsam mit denjenigen die den Vorschlag tatsächlich ablehnen, die Verlierer.

<u>Die Verlierer dieser Abstimmung können also den Gewinnern zahlenmäßig bei weitem überlegen sein.</u>

Insgesamt ist diese, durch Entscheidungsprozesse hervorgerufene, Zweiteilung in Gewinner und Verlierer problematisch. Vor allem dann, wenn Gruppierungen sich sowieso, ob ‚objektiv‘ gerechtfertigt oder nicht, schon als benachteiligt wahrnehmen.

Die Anfälligkeit der Menschen für die Attraktivität der einfachen Lösungen und Schuldzuweisungen von Populisten hat sicherlich auch mit dieser empfundenen Benachteiligung zu tun.

Das systemische Konsensieren greift genau diese Gewinner/Verlierer-Problematik auf. Hierbei wird nicht versucht eine Mehrheit für eine zur Wahl stehende Alternative zu erreichen. Stattdessen geht es darum, die Tragfähigkeit von Entscheidungen zu maximieren.

Hierzu strebt man nach Lösungsalternativen, die innerhalb einer Gruppe oder der Gesellschaft, am wenigsten Widerstand hervorrufen.

So vermeidet man es, weitere Verlierer zu produzieren. Im Gegensatz zur aktuell wahrnehmbaren Tendenz der weiteren Spaltung und Polarisierung der Gesellschaft kann diese Methode also einen Beitrag zur gesellschaftlichen Harmonie liefern.

Entscheidungsprozesse befreien von machtpolitischen Überlegungen und Einflüssen

Ein Großteil des politischen Bemühens besteht darin, die eigene Machtbasis zu vergrößern, immer mehr Einfluss zu gewinnen. Sodass die eigenen Standpunkte und Belange durchgesetzt werden können. Es ist fraglich, ob hiermit inhaltlich und gesellschaftlich optimale Ergebnisse erzielt werden können.

Die Tradition des politischen Diskurses hat uns blind gemacht für alternative Herangehensweisen. Die Essenz des systemischen Konsensierens besteht darin, dass Diskussionen und Entscheidungsgrundlagen aus der Schusslinie herausgenommen werden.

Das heißt natürlich nicht, dass Entscheidungen hiermit wertfrei getroffen werden. Schon aber, dass Überlegungen und Auseinandersetzungen von unnötigen und dem Prozess und der Akzeptanz schädlichen Emotionen befreit werden. Der Umgang mit Argumenten und Informationen wird sachlicher und tiefgründiger.

Weil Standpunkte nicht mehr verteidigt werden müssen, wird es leichter ausgewogen zu einem Urteil zu kommen. Wenn man nicht 'gewinnen' muss, wird es leichter Gegenargumente zuzulassen und die eigene Standpunkte zu reflektieren. Die freigesetzten Kapazitäten bieten Raum für Gedankenexperimente und Kreativität.

Eine größtmögliche Konsens wird erreicht durch das Minimieren von Widerstand statt durch Maximierung der Zustimmung, wie in der „Mehrheitsdemokratie"

Das Grundprinzip des systemischen Konsensierens besteht darin, für die unterschiedlichen Alternativen einer Entscheidung einen Widerstandswert zu ermitteln.

Jede an einer Entscheidung beteiligte Person vergibt pro Alternative zwischen 0 und 10 Widerstandspunkte. Der Widerstandswert einer Alternative errechnet sich aus dem Mittelwert aller für diese Alternative vergebenen Widerstandspunkte. Die Alternative mit dem geringsten Widerstandswert ist die, die gewählt wird.

Es hat sich gezeigt, dass diese Entscheidungsstrategie robust ist gegen Manipulationsversuche Einzelner. Insgesamt gestaltet sich der Entscheidungsprozess flexibler und kreativer.

Eine durch die Abstimmung erworbene Einsicht kann dazu führen, die Alternativen noch einmal zu reflektieren. Eventuell werden für eine erneute Abstimmung Alternativen überarbeitet oder durch neue ergänzt.

Ein Beispiel kann diese Methode verdeutlichen. Hier geht es zunächst einmal darum, das Prinzip in seiner einfachsten Form vorzustellen. Für nähere Details, Vertiefung und weiterführende Aspekte verweise ich auf die entsprechende Literatur.

Beispiel

Sankt Nimmerland ist eine attraktive ländliche Gemeinde, in einer reizvollen abwechslungsreichen Umgebung. Leider gibt es etwas, das diese Idylle stört: die vielbefahrene Landstraße, die mitten durch den Ort führt.

Langjährige Proteste der Bevölkerung („Lärm und Gestank machen uns krank") haben dazu geführt, dass eine Umgehungsstraße vorgeschlagen wurde. Diese soll im Gemeinderat beschlossen werden.

Zur Auswahl stehen die Nordumgehung, die durch ein wertvolles Naturschutzgebiet führt und die Südumgehung, die einen landwirtschaftlichen Bereich durchtrennen würde.

Im Gemeinderat vertreten sind die gleich großen Fraktionen „Die Bauern", „Die Realisten" und „Die Naturpartei". Letztere sind für die Südumgehung. Die Bauern möchten jedoch eher die Nordumgehung und die Realisten weisen seit Jahren darauf hin, dass die hochverschuldete Gemeinde sich nur eine sehr kostengünstige Alternative leisten könne.

Die Kosten für eine Südumgehung fielen etwas geringer aus als für die Nordumgehung. Die Naturpartei betonte jedoch, dass auch nichtfinanzielle Kosten wie Verlust wertvoller Biotope und Beeinträchtigungen des Naherholungsgebiets berücksichtigt werden sollten.

Die Realisten hatten Bedenken, dass lange Rechtsstreitigkeiten durch Umweltaktivisten die Kosten in die Höhe treiben könnten. Daraufhin drohten „Die Bauern" bei einer Entscheidung für die Südumgehung ebenfalls vor Gericht zu ziehen.

Diese seit Jahren zerfahrene Situation fand ein neues, vor kurzem zugereistes Ratsmitglied der Realisten vor. Dieser hatte von einer neuen Methode der Entscheidungsfindung gelesen, dem Systemischen Konsensieren. Er bot an, eine Fortbildung hierzu zu absolvieren und den Entscheidungsprozess zu moderieren.

So gesagt, so getan und einige Monate später fand sich der Gemeinderat zusammen um das Gelernte in die Praxis zu bringen. Zur Auswahl in einer ersten Abstimmung standen zunächst einmal drei Alternativen. Diese waren: eine Nordumgehung, eine Südumgehung und als dritte Alternative der Verzicht auf eine Umgehungsstraße.

Alle neun Mitglieder des Gemeinderats sollten für jede der Alternativen 0 bis 10 Widerstandpunkte vergeben. Diese Probeabstimmung sollte zunächst einmal die Ratsmitglieder mit dem Verfahren vertraut machen. Das Ergebnis entsprach folgender Tabelle.

Ratsmit-glied	Nord	Süd	Keine
A (Bauern)	1	10	8
B (Bauern)	5	10	4
C (Bauern)	3	10	7
D (Natur)	10	3	4
E (Natur)	10	2	1
F (Natur)	10	3	4
G (Realist)	6	5	6
H (Realist)	4	2	8
I (Realist)	6	4	3
Mittelwert	6,1	5,4	5

Das Ergebnis war für „Bauern" und „Natur-partei", aber auch für die „Realisten" zunächst einmal eine herbe Enttäuschung. Das Ziel, den geplagten Bürgern eine Entlastung zu bieten schien eher noch weiter entfernt als vor der Abstimmung.

Der Moderator ließ sich jedoch nicht entmutigen. Er argumentierte, dass die Ratsmitglieder nichts anderes gemacht hätten, als ihr altes Verhalten auch bei dieser Abstimmung beizubehalten. Für ein anderes, ein besseres Ergebnis sollten alle auch bereit sein, sich für Argumente und neue Ideen zu öffnen.

Auf seinen Vorschlag hin wurden nun Argumente pro und Kontra für jede Alternative gesammelt, ohne darüber in Diskussion zu gehen oder sie zu bewerten.

Er lud auch dazu ein, die ursprünglichen Lösungen des Verkehrsproblems noch einmal zu überdenken. Ziel dieses 'Brainstorms' war es, die Positionen 'aufzuweichen', die Alternativen sollten, für die bisherigen Gegner, weniger Widerstand auslösen. Auch gänzlich neue Lösungen sollten in diesem kreativen Prozess erlaubt sein.

Anfangs hatten die Teilnehmer etwas Schwierigkeiten, ihre festgefahrenen Rollen als 'politische Gegner' loszulassen. Sie neigten dazu, wieder in alte Diskussionsgewohnheiten zu verfallen. Aber im Laufe des Prozesses, durch geduldiges Intervenieren des Moderators, kamen die Ratsmitglieder immer mehr in einen 'Flow'.

Es wurden jetzt kreative Lösungen erdacht. Zum Beispiel eine Trassenerhöhung für die Südumgehung mit Durchlässen, so dass die Bauern problemlos ihre Felder erreichen könnten.

Für die Nordumgehung wurde eine neue, direkt am der Ortsgrenze verlaufende, unterirdische Lösung angedacht, die das Naturschutzgebiet weitgehend entlasten würde.

Zur Entlastung der klammen Gemeindekasse wurden Möglichkeiten zur Unterstützung durch Kreis, Land, Bund und Europäische Gemeinschaft vorgeschlagen.

Spannend war auch ein neuer Vorschlag, auf eine Umgehung zu verzichten und dafür eine konsequente Verkehrsberuhigung einzuführen. Kern dieses Vorschlags waren ein Durchfahrtsverbot für LKW und eine Geschwindigkeitsbegrenzung auf 30 km/h. Letztere 'unterstützt' durch ausgeprägte Fahrbahnschwellen. Diese sollten auch in Nebenstraßen vorhanden sein, um das Verlassen der Hauptstraße unattraktiv zu machen.

Allerdings, so wurde argumentiert, würde die Belastung durch Abgase nur wenig zurückgehen. Außerdem wäre im Falle von Verkehrsbehinderungen auf der nahen Autobahn wieder mit massiven Belastungen zu rechnen.

Man erörterte noch einmal die Vor- und Nachteile der Alternativen, darunter auch der teuren 'Tunnellösung'. Dabei erinnerte sich einer der Teilnehmer plötzlich an eine Möglichkeit, die er vor einigen Jahren im Urlaub gesehen hatte.

Ein Abschnitt einer Autobahn verlief durch einen Trog. Die Neigung der künstlichen flankierenden 'Hänge' war so konzipiert, dass die Verkehrsgeräusche über die angrenzenden Gebiete 'abgeleitet' wurden. Das Umfeld wurde daher durch den Lärm nicht belastet.

Diese Idee löste bei den Teilnehmern Begeisterung aus. Die Trasse könnte, wie beim Tunnel, nah am Ortsrand verlaufen. Das Baumaterial für die Hänge wäre, wenn die Straße tiefergelegt würde, zumindest teilweise vor Ort vorhanden. Der nördliche Hang könnte in Herbst und Winter errichtet werden, so dass Tier- und Pflanzenwelt während den Bauphase nach Möglichkeit geschützt würden.

Ein Gutachten wurde in Auftrag gegeben, das die Machbarkeit und die Finanzierung klar belegte. Außerdem wurde zudem der Einsatz von speziellem 'Lärm-schluckendem' Asphalt vorgeschlagen. Die jetzt folgende Abstimmung war eigentlich nur noch Formsache.

Es fand jetzt eine erneute Abstimmung über vier Alternativen statt.

Ratsmit-glied	Nord (Trog)	Süd	Beruhi-gung	Keine
A (Bauern)	0	8	4	8
B (Bauern)	2	9	5	4
C (Bauern)	1	7	5	7
D (Natur)	1	6	7	10
E (Natur)	0	5	5	7
F (Natur)	0	4	3	10
G (Realist)	2	6	6	6
H (Realist)	0	5	7	10
I (Realist)	1	7	7	9
Mittelwert	0,8	6,3	5,4	7,9

Das Ergebnis zeigt, dass die neue Arbeitsweise deutliche Verschiebungen zur Folge hatte.

Den Bürgern keine Lösung für ihre Probleme zu bieten wurde von Alternative mit geringster Widerstand in der ersten Abstimmung jetzt zu der, mit dem höchsten Widerstandswert.

Die Existenz einer, für alle akzeptabler und realistischer, Alternative machte es unannehmbar, nichts für das Wohl der Bürger zu unternehmen.

Auffällig ist auch, dass die Prozedur dazu führte, dass die Front der 'politischen Gegner' aufgeweicht wurde. Argumente des Gegenübers wurden jetzt ernst genommen.

Fazit

Die Festlegung auf Standpunkte resultiert im allgemeinen in eine Reduktion der kreativen Fähigkeiten und begünstigt eine eingeschränkte Wahrnehmung. Nur 'stimmige' Argumente werden als solche (an)erkannt.

Das systemische Konsensieren ist in der Lage, diese Tendenz umzukehren.

Die übliche Unterteilung in „Gewinner" und „Verlierer" entfällt

Zu den üblichen Formen der Mehrheitsdemokratie fällt mir ein Titel der schwedischen Popgruppe Abba ein: „The winner takes it all". Der Gewinner bekommt alles. Ergänzend dazu und noch problematischer: „The loser is left back with nothing". Dem Verlierer bleibt gar nichts.

Verlierer fühlen sich abgehängt, missachtet. Die schmerzhafte, manchmal traumatische Erfahrung des Verlierens brennt sich in das individuelle oder auch kollektive Gedächtnis (Gruppierungen, Minderheiten, Nationalitäten) ein. Das selektive Gedächtnis trägt zu einer überkritischen Betrachtung von demokratischen Systemen und ihren Entscheidungen bei.

Fazit

Das Systemische Konsensieren kann einen wichtigen Beitrag zur Integration der gesamten Gesellschaft, zur Auflösung tief verankerter Differenzen leisten.

Der Begriff „Systemisches Konsensieren" ist meiner Meinung nach etwas unglücklich gewählt worden. Die Methode hat weder etwas zu tun mit der systemischen Therapie noch mit der Systemtheorie, die beide etabliert sind.

Alternativ hätte man diese Methode zum Beispiel „Systematischer Konsens" nennen können.

3.3 Demokratie des Loses

Ursprünge: Athener Demokratie (ab 508 - 507 vor X)

> *Jeder freier Bürger konnte in (fast) jedes Amt gelost werden*

> *Einschränkung von 'Laufzeiten'*

> *Gewaltenteilung*

> *Strenge Strafen gegen Populisten*

Aktuelle Ansätze (D. Van Reybrouck: „Gegen Wahlen"

Experimente: der Mensch wächst an seinen Aufgaben

Vorteil: eine echte Repräsentanz

Ursprünge: Athener Demokratie (ab 508 - 507 vor X)

Die Demokratie wurde im antiken Griechenland 'erfunden'. Allgemein werden die politischen Reformen unter Kleisthenes (508-507 vor Christus) als tatsächlicher Anfang der Athener Demokratie eingestuft. Schon vorher (Solon, ab 594) hatte es Entwicklungen gegeben, die Macht der Tyrannen und des Adels zu brechen und in die Hände der besitzenden Klasse des alten Athen zu legen.

Die griechische Demokratie sah im Vergleich zum heute gängigen Modell in einigen Punkten grundlegend anders aus. Insbesondere darin, dass die Frage der Repräsentation nicht durch Wahlen sondern durch das Los gelöst wurde.

David Van Reybrouck (D. Van Reybrouck, Gegen Wahlen, 2013) beschreibt sehr klar, warum eine gewählte Vertretung nicht wirklich demokratisch ist. Historisch gesehen sind die heutigen Wahlen auch keine demokratische sondern eine republikanische Errungenschaft.

Von Anfang an war es nicht das Ziel durch Wahlen Entscheidungsgremien zu bilden, die ein Abbild der Gesellschaft sind. Vielmehr wurde beabsichtigt, dass durch Wahlen die 'weisen, tugendhaften' Eliten das zum Regieren unfähige Volk 'vertreten' würden. Wahlen sind – so Van Reybrouck – ein aristokratisches, kein demokratisches Prozedere.

Jeder freier Bürger konnte in (fast) jedes Amt gelost werden

Zwar hatten damals Frauen, Fremde, Minderjährige und Sklaven keine Bürgerrechte, aber die Bürger wurden sehr direkt in das politische System mit einbezogen. Die Volksversammlung, *Ekklesia*, wo die meisten politischen Entscheidungen getroffen wurden, stand jedem Bürger offen.

Das Volksgericht, *Hiliaea*, hatte 6.000 geloste Mitglieder. Der Rat der 500, *Boule*, wurde zu gleichen Teilen aus den 10 Regionen Athens gelost und ihre Leitung, die Prytanen aus ihrer Mitte. Lediglich die höchsten militärischen *(Strategen)* und finanziellen Ämter wurden durch gewählte Vertreter, durch Spezialisten, und ohne festgelegte Amtszeit besetzt.

Einschränkung von 'Laufzeiten'

Weil es erklärtes Ziel war, möglichst viele Bürger politisch einzubinden, wurden die Amtszeiten klar begrenzt. Dies hatte auch zum Vorteil, dass Amtsmissbrauch und Korruption kaum eine Chance hatten.

Die Mitglieder des Rates der 500 wurden, wie auch die des Volksgericht wurden jährlich (damals 360 Tage) neu ausgelost. Die Prytanen waren nur 36 Tage im Amt und der Vorsitzende des Rates wechselte sogar täglich.

Gewaltenteilung

Albert Stähli (Die Griechen, 2018) sieht im System der Aufteilung von Verantwortung im demokratischen Athen die Urform der Gewaltenteilung.

Der Rat der 500 (exekutive) bereitete die Volksversammlungen (Legislative) vor und führte deren Entschlüsse aus. Die Volksgerichte (Judikative) waren für die Rechtsprechung zuständig.

Strenge Strafen gegen Populisten

Auch vor unserer Zeitrechnung gab es schon Populisten und Menschen, die für ihre Botschaften empfänglich waren. Allerdings wurde das Problem auch damals schon erkannt.

Dies führte zu Gegenmaßnahmen indem Populisten, die als solche überführt wurden, mit dem Exil bestraft wurden. Eine nachgewiesene Irreführung wurde also von den Gerichten geahndet.

Aktuelle Ansätze

Seit Ende der 1980-er Jahre wird das Losverfahren in theoretischen und experimentellen Ansätzen wieder untersucht.

Hervorzuheben ist die Arbeit des US-amerikanischen Politologen James Fishkin. Vor den Präsidentschaftswahlen 1996 organisierte er eine erste große deliberative Umfrage *(National Issues Convention)*.

Kernidee der deliberativen Demokratie ist, dass durch Austausch von Argumenten in einem (machtfreien) Diskurs Verständigung oder Konsens erzielt werden können und so gefundene Lösungen den Ansprüchen der Vernunft in sachlicher und moralischer Hinsicht gerecht werden (Claudia Landwehr, zitiert in Wikipedia).

Für ein Wochenende kamen 600 durch das Los bestimmte Personen zusammen. Sie bekamen die Gelegenheit miteinander und mit Experten zu sprechen und sich mit den Kandidaten zu beraten.

Im Vorfeld wurden Informationsmappen mit Faktenmaterial zur Verfügung gestellt. Vor, während und nach den Beratungen wurden durch die Teilnehmer Fragebogen ausgefüllt.

Es zeigte sich, dass die Teilnehmer sehr gut in der Lage waren, sich über komplexe Themen zu unterhalten. Die meisten von Ihnen konnten zuhören, zeigten sich offen für die Meinung anderer und gingen insgesamt respektvoll mit einander um.

Die Beratungen machten die Teilnehmer kompetenter, differenzierter in ihren Urteilen und offener für Veränderung ihrer ursprünglicher Meinungen.

Experimente: der Mensch wächst an seinen Aufgaben

Nach der Jahrtausendwende gab es Versuche, durch Losverfahren ausgewählte Bürger an Entscheidungsprozessen teilhaben zu lassen. Van Reybrouck hebt fünf davon hervor. Zwei davon in Kanada und jeweils einen in der Niederlande in Island und in Irland. Drei von ihnen hatten Reformen des Wahlsystems, zwei Änderungen der Verfassung zum Thema.

Teils waren aufgrund des Ergebnisses Referenden vorgesehen oder möglich. Referenden sind zwar eine Form der direkten Demokratie, stehen jedoch eigentlich konträr zum Losverfahren. Sie sind mit den üblichen Schwächen, wie dem Urteilen aufgrund oberflächlicher Informationen und der möglichen Beeinflussung durch Populisten, behaftet.

Van Reybrouck hält die Beratungsergebnisse der ausgelosten Gremien für sehr positiv.

„Was auffällt, wenn man die Online-Berichte dieser kanadischen und niederländischen Bürgerparlamente liest, ist das Maß an Nuancierung, mit dem eine technisch ausgefeilte Alternative mit Argumenten untermauert wird. Wer daran zweifelt, dass normale ausgelöste Bürger in der Lage sind, vernünftige und rationale Entscheidungen zu treffen, sollte diese Berichte lesen. Fishkins Erkenntnisse wurden noch einmal bestätigt." (David Van Reybrouck: Tegen Verkiezingen, Amsterdam 2013; in der deutschen Übersetzung: Gegen Wahlen, Göttingen 2016, 2017).

Vorteil: eine echte Repräsentanz der Bevölkerung → Quoten sind überflüssig

Durch das Los bestimmte Beratungs- und Entscheidungsgremien sind unempfindlich gegen Populismus und Korruption und werden nicht durch des Streben nach Wiederwahl beeinträchtigt. Zusätzlich haben sie den entscheidenden Vorteil eine tatsächliche Repräsentanz zu sein.

Bei Berücksichtigung entsprechender wissenschaftlicher Standards, zum Beispiel zur Größe und Erhebung der Stichprobe, sind solche Gremien ein reales Abbild unserer Gesellschaft. Überlegungen in Bezug auf Quoten sind somit vollkommen überflüssig.

Jeder Lösungsansatz hat Vor- und Nachteile

Alle haben eine gewisse Attraktivität

Kein Ansatz kann für sich nahezu alle aktuellen Probleme der Demokratie lösen.

...

Wie könnte eine Lösung aussehen?

4. Eine Mischung kann es richten

Jede Alternative hat Vor- und Nachteile

Eine geschickte Kombination der Alternativen könnte:

Die Vorteile maximieren

Die Nachteile minimieren

Dabei darf die Transparenz nicht verloren gehen

Ein neues System sollte allgemein verständlich, demokratisch und nachvollziehbar sein – auch in seiner Entstehung

5. Ein erster Schritt auf einem neuen Weg

5.1 Projektvorschlag: 'Neue Demokratie'

5.2 Ideen sammeln

5.3 Entscheidungsfindung

5.1 Projektvorschlag: 'Neue Demokratie'

In der Einführung wurde schon erwähnt, dass dieses Buch nicht anstrebt eine 'mundgerechte' Lösung aller Probleme der Demokratie zu präsentieren. Vielmehr soll ein Weg gezeigt werden, wie wirksame Änderungen erreicht werden können. Hier wird in Umrissen ein Projekt vorgeschlagen, das die Erkenntnisse der vorangegangenen Kapitel berücksichtigt. Und so nach 'maximal demokratischen Prinzipien' eine neue Entwicklung der Demokratie gestalten kann.

Die prinzipielle Entscheidung, sich mit Änderungen im demokratischen System auseinanderzusetzen, ist eine politische Entscheidung. Diese kann logischerweise, aber auch paradoxerweise, nur von den aktuellen Entscheidungsgremien des Staates getroffen werden. Voraussetzung dafür wäre die Bereitschaft, sich für neue Ideen zu öffnen, neue Wege zu gehen.

Dazu gehört gleichzeitig eine Bereitschaft, sich vom Bestehenden zu lösen, wenn dieses sich für eine zukünftige Entwicklung als nicht dienlich erweist. Alles zu lassen wie es ist oder nur halbherzig ein paar kleine Reformen durchzuführen, damit werden wir schon bald nicht mehr durchkommen. Dafür sind unsere Probleme zu groß, die Komplexität zu hoch.

Bevor eine Entscheidung zum Projekt erfolgen kann, müsste dieses präzisiert werden. Erfahrene Projektmanager sind sicherlich in der Lage in kurzer Zeit eine weitere Detaillierung vorzunehmen, die das Erstellen eines Zeit- und Kostenplans erlaubt.

Sobald die Entscheidung durch Parlament und Bundesrat erfolgt ist, kann das Projekt starten. Nach wissenschaftlichen Erkenntnissen wird ein Entscheidungsgremium (EG) gelost. Dieses sollte ein wirkliches Abbild der Bevölkerung sein. Denkbar ist es, hierfür die Wahlregister zu nutzen. Allerdings sollte überlegt werden, Jugendliche ab einem bestimmten Alter mit einzubeziehen.

Sollte eine geloste Person nicht zur Mitarbeit bereit sein, wird ein nach zentralen demografischen Merkmalen präzisierten vergleichbarer Ersatz gelost.

Die gelosten Teilnehmer des EG werden geschult. Zum Beispiel in Entscheidungsfindung durch Systemisches Konsensieren, in Kommunikationstechniken wie Zuhören, Formulieren und Präsentation, kreative Techniken, wie Mindmapping oder laterales Denken und das Verstehen von komplexen Zusammenhängen (z.B. Systemtheorie). Auch Gesetzeskunde wird vermittelt. Und zwar so, dass den Teilnehmern ein praktischer Umgang hiermit ermöglicht wird.

5.2 Ideen sammeln

Zeitgleich zur Losung und Ausbildung des Entscheidungsgremiums werden Ideen und Fakten für eine neue demokratische Ordnung gesammelt. Je offener dieser Prozess gestaltet wird, je mehr Möglichkeiten für die Bevölkerung einberäumt werden, sich zu beteiligen, je höher wird auch die Akzeptanz ausfallen.

Denkbar wären Internetplattformen, wo jeder der möchte Vorschläge einreichen kann. Zusätzlich sind 'low-tech' Alternativen unabdingbar. Hier kann man an das schriftliche Einreichen von Vorschlägen denken, aber auch an frei zugängliche Initiativ- und Diskussionsforen. So kann jeder Interessierte auch mitgestalten.

Voraussetzung für eine breite Beteiligung an diesen Prozess ist der freie Zugang zu allen relevanten Daten. Das bedeutet, dass jegliche Informationen zum Projekt und seinen Fortschritten, sowie auch alle Grundlagen veröffentlicht werden. Hierbei ist besonders auf die allgemeine Verständlichkeit der Publikationen zu achten. Die Teilnahme darf nicht durch intellektuelle Hürden erschwert werden.

Ein breiter öffentlicher Prozess liefert so die Ideen, die als Input für das Entscheidungsgremium gedacht sind. Zusätzlich können die Teilnehmer des Gremiums sich durch unabhängige Experten informieren lassen. Auch hier ist maximale Transparenz für die Öffentlichkeit unabdingbar.

5.3 Entscheidungsfindung

Nach der Schulung kommt die eigentliche Arbeit des Entscheidungsgremiums: das Vorbereiten und Treffen von Entscheidungen zum Thema „Neue Demokratie".

Wie wir gesehen haben, stammen die Grundlagen für die Entscheidungen in erster Linie aus dem zweiten Projektzweig: Inhaltliche Vorschläge. Mit Sicherheit wird es notwendig sein, diese Inhalte zusammenzufassen, sodass sie für das Gremium auch handhabbar sind.

Denkbar wäre es, dass diese Zusammenfassungen stufenweise durch Kommissionen vorgenommen werden. Deren Teilnehmer sollten auf Basis des Loses selektiert werden. Die Entscheidungen dieser Kommissionen sollten dann standardisiert und durch Experten moderiert erfolgen.

Die Diskussionen und Entscheidungen des Entscheidungsgremiums erfolgen nach den Prinzipien des Systemischen Konsensierens.

Es folgt dann noch die Berichterstattung an die Öffentlichkeit und an den Auftraggeber: das Parlament. Letzteres entscheidet auf dieser Grundlage, ob und wie die Vorschläge eingeführt werden.

Projektvorschlag: Neue Demokratie

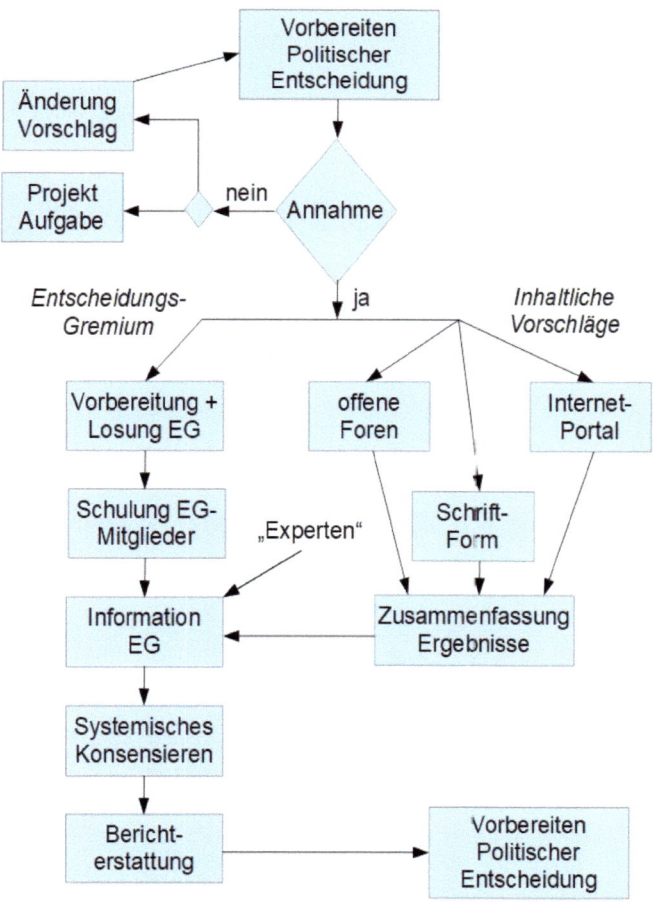

Nachwort/Ausblick

Die Demokratie braucht neue Entwicklungen. Es gibt einfach zu viele Indizien und handfeste Nachweise, die belegen, dass die derzeitigen Auslegungen der demokratische Idee inzwischen ihre Gültigkeit verloren haben. Weitermachen wie zuvor kann höchstens für eine kurze Zeit noch Vorteile für eine kleine Gruppe von Menschen bieten, die wir als politisch/wirtschaftliches Establishment zusammenfassen können.

In der Wirtschaft kennen wir den Lebenszyklus von Produkten. Für eine gewisse Zeit kann man durch kosmetische Erneuerungen die Zeitspanne, in der ein Produkt noch zum Geschäftsergebnis beiträgt, verlängern. Irgendwann ist jedoch etwas grundlegend anderes gefragt.

Der Lebenszyklus der aktuellen Demokratiemodelle befindet sich in der letzten Phase. Schon weichen viele auf autoritär geprägte 'Retromodelle' aus. Die Praxistests der Geschichte, die doch so deutlich die Schwächen dieser Ansätze belegen, werden dabei wohl nicht mehr beachtet.

Nach wie vor halte ich die Idee der Demokratie für die genialste Möglichkeit, das menschliche Zusammenleben zu organisieren. Nur sollte die Umsetzung eine wirklich neue sein. Wenn wir möchten, dass die Menschheit überlebt, brauchen wir eine Demokratie mit neuen Möglichkeiten, einen Paradigmenwechsel.

Es ist durchaus möglich, dass es bessere Ideen zur Rettung der Demokratie gibt als die Ansätze, die in diesem Buch beschrieben wurden. Aber anfangen sollten wir – und zwar jetzt!

Im Januar 2020 war dieses Buch druckreif. Gerne wollte ich es von einem renommierten, als politisch neutral wahrgenommenen Verlag herausbringen lassen, erhielt jedoch keine Antwort. Vielleicht wegen Corona...

Inzwischen haben wir schon über ein halbes Jahr mit der Covid19-Pandemie zu tun. Ich habe mir überlegt, ob ich noch einen Kommentar zu den politischen Entscheidungen hierzu mit aufnehmen soll und mich entschieden das nicht zu tun. Nur soviel: das nach einiger Zeit hervortretende Bedürfnis der Profilierung einiger Politiker, vor allem auf Landesebene, hat der Akzeptanz und der Umsetzung der Maßnahmen wohl eher geschadet.

Geschichte

Durch die zerstörte Landschaft

Der Geschichte

Kurven Pfade von Abgrund zu Abgrund

Tief eingeschliffen von Fehlern

Die gemacht wurden

Immer wieder

(Marten van den Berg 1993)

Dank

Vor einigen Jahren wurde ich durch meine Tochter Meinke auf die Existenz des Systemischen Konsensierens hingewiesen. Hierin erkannte ich eine (Teil-) Lösung für die vielen Probleme und Schwächen des herkömmlichen demokratischen Systems, die mich seit langem beschäftigten. Erst dadurch wurde dieses Buch möglich.

Ab und wann hatte ich die Möglichkeit die Ideen, die diesem Buch zugrunde liegen, zu diskutieren. Manchmal mit Menschen, die mir rein zufällig (?) begegneten. Für diese Gespräche bin ich sehr dankbar. Sie halfen mir, meine Gedanken zu klären.

Am intensivsten waren meine Gespräche über den Text mit meiner Frau Andrea. Ohne ihre Hilfe wären etliche meiner Ausführungen vermutlich unverständlich geblieben. Durch sie wurden auch Formulierungen entschärft, die ungewollt als Angriff missverstanden werden konnten.

Sie hat, wie bei meinen anderen Büchern, die Aufgabe als 'personal lector' übernommen und meine Festhalten an manche Themen gelassen hingenommen oder geduldig auf Änderungen hingearbeitet. Am allermeisten danke ich ihr für ihre unendliche Liebe und Begeisterung.

Hannes Mercker hat das Cover im Sinne des Inhaltes gestaltet. Ich bewundere seine kreative Ideen und seine Professionalität in der Ausführung. Danke dafür.

Empfohlene Literatur

Crouch, Colin, *Postdemokratie.* 13. Auflage, Frankfurt am Main 2017.

Kitz, Volker, *Meinungsfreiheit. Demokratie für Fortgeschrittene.* Frankfurt am Main 2018.

LLanque, Marcus, *Geschichte der politischen Ideen. Von der Antike bis zur Gegenwart.* 2., durchgesehene Auflage, München 2016.

Paulus, Georg, Schrotta, S. & Visotschnig, E., *Systemisches Konsensieren. Der Schlüssel zum gemeinsamen Erfolg.* 4., überarbeitete Auflage, Holzkirchen 2017.

Reybrouck, David van, *Gegen Wahlen. Warum Abstimmen nicht demokratisch ist.* 4. Auflage, Göttingen 2017.

Stähli, Albert, *Die Griechen. Die antike Demokratie, Bildung und Wohlstand.* Frankfurt am Main 2018.

Visotschnig, Erich, *Nicht über unsere Köpfe. Wie ein neues Wahlsystem die Demokratie retten kann.* München 2018.

Vorländer, Hans, *Demokratie. Geschichte, Formen, Theorien.* 2., überarbeitete Ausgabe, München 2010.

Aus dem www.:

Huber, Roman, *Auf den Spuren eines neuen Demokratie-Experiments.* 2019
https://www.mehr-demokratie.de/news/voll/auf-den-spuren-eines-demokratie-experiments/.

Marten van den Berg, Jahrgang 1955, Enschede, Niederlande.

Nach dem Studium der Psychologie in Amsterdam war er zunächst als Organisationspsychologe tätig. 1990 siedelte er um nach Deutschland. Inzwischen ist er 'gelernter Deutscher'.

Seit 1992 arbeitet er im psychotherapeutischen Bereich, vor allem mit Menschen die chronisch körperlich krank sind.

Neben Ratgeber zu den Themen Depressionen und Stress und Publikationen für Betroffene, zum Beispiel über Traumata, hat er auch einige belletristischen Titel veröffentlicht.

Politik und die Probleme dieser Erde beschäftigen ihn seit frühster Jugend und rauben ihm manchmal den Schlaf.

Vom gleichen Autor veröffentlicht:

Alte Sachen – Poesie aus der Fülle des Lebens, 2007, ISBN: 978-3-8370-1380-1

Von der Rettung der Welt – und andere Märchen, 2007, ISBN: 978-3-8370-1372-6

Depressionen – und Wege nach oben, 2013, 2018, ISBN 978-3-7322-8103-9

Das kleine Stressbüchlein, 2019,

ISBN 978-3-7504-1734-2

Alle erschienen beim Verlag Books on Demand GmbH, Norderstedt